MODERN HUMANITIES RESEARCH ASSOCIATION
CRITICAL TEXTS
VOLUME 85

HAMLET

BY

JEAN-FRANÇOIS DUCIS

MODERN HUMANITIES RESEARCH ASSOCIATION
CRITICAL TEXTS

The MHRA Critical Texts series provides affordable critical editions of lesser-known literary texts that are out of copyright and not currently in print (or are otherwise difficult to obtain). Since 2005 the series has been producing trusted scholarly editions of neglected works from across a range of periods. Titles are selected by members of the distinguished Editorial Board and edited by leading academics. The texts are taken from the following languages: English, French, German, Italian, Portuguese, Russian, and Spanish. Editions are fully annotated, engaging with the latest research, and include substantial introductions along with lists of further reading, glossaries, and appendices. The series combines meticulous scholarship with accessibility, meaning the editions serve the needs of academics while also being well suited to undergraduate reading lists and of interest to the wider reading public.

Editorial Board
Chair: Dr Jessica Goodman (University of Oxford)
English: Dr Stefano Evangelista (University of Oxford)
French: Dr Jessica Goodman (University of Oxford)
Germanic: Professor Ritchie Robertson (University of Oxford)
Hispanic: Professor Ben Bollig (University of Oxford)
Italian: Professor Jane Everson (Royal Holloway, University of London)
Portuguese: Professor Cláudia Pazos Alonso (University of Oxford)
Slavonic: Professor David Gillespie (University of Bath)

texts.mhra.org.uk

HAMLET
AN EIGHTEENTH-CENTURY FRENCH ADAPTATION

BY

JEAN-FRANÇOIS DUCIS

EDITED BY

JOSEPH HARRIS

MODERN HUMANITIES RESEARCH ASSOCIATION
Critical Texts 85
2024

Published by
The Modern Humanities Research Association
Salisbury House
Station Road
Cambridge CB1 2LA
United Kingdom

© Modern Humanities Research Association, 2024

Joseph Harris has asserted his right under the Copyright, Designs and Patents Act 1988 to be identified as the author of this work. Parts of this work may be reproduced as permitted under legal provisions for fair dealing (or fair use) for the purposes of research, private study, criticism, or review, or when a relevant collective licensing agreement is in place. All other reproduction requires the written permission of the copyright holder who may be contacted at rights@mhra.org.uk.

First published 2024

ISBN 978-1-83954-617-4 (hardback)
ISBN 978-1-83954-545-0 (paperback)

Typeset in Minion Pro by Allset Journals & Books, Scarborough, UK

CONTENTS

Acknowledgements	vii
Introduction	1
From Shakespeare to Ducis	4
Madness and Melancholy	6
Staging the Ghost	7
Love, Revenge, and Family	9
Heaven or Hell: Revenge on Gertrude	11
Catching the Conscience of the Queen	13
The Eighteenth-Century Variants	14
The 1769 Manuscript	15
The 1770 First Edition	17
Nineteenth-Century Rewrites	18
Early Nineteenth-Century Variants	19
The 1809 Edition	22
The Final Editions	23
Editions, Treatment of Base Text and Variants	25
Hamlet	29
Appendix A: 1809 (II. 3–v. 8)	95
Appendix B: 1815 (v. 5–v. 9)	141
Appendix C: C.-F. MS267 (IV. 6–v. 8)	145
Appendix D: 1808 (v. 1–8)	155
Appendix E: C.-F. MS265 (III. 7)	167
Appendix F: C.-F. MS265 (v. 1–9)	170
Appendix G: The 1813 Dedication	184
Bibliography	185

ACKNOWLEDGEMENTS

This project has proved to be a more substantial — even labyrinthine — one than I first expected, and so I am particularly grateful to Simon Davies, Gerard Lowe, and the other staff at the MHRA, as well as to Jess Goodman, for their guidance, advice, and patience along the way. Above all I am indebted to the astoundingly thorough copy-editing of Gillian Pink. I would also like to express my gratitude to the staff at the Comédie-Française archives in Paris, the Taylor Institution Library, Oxford, and the Shakespeare Memorial Collection, Birmingham, for all their help and assistance. Special thanks too go to David Furlong and his Exchange Theatre team for their powerful reading of this play in May 2024, and to the two audience members who preferred it to Shakespeare's original. Thanks too, as ever, to my long-suffering family: Carolin, Maxi, and Clara.

Talma as Hamlet and Mlle Duchesnois as Gertrude, in Aaron Martinet, ed., *Petite galerie dramatique (1796–1843)*, no. 277 (Paris, Bibliothèque nationale, Estampes). Courtesy of the Bibliothèque nationale de France.

INTRODUCTION

'Je n'entends point l'anglais, et j'ai osé faire paraître Hamlet sur la scène française'.¹ From the very start of the first published edition of his *Hamlet*, Jean-François Ducis (1733–1816) acknowledges his boldness — some might say folly — in attempting to transplant Shakespeare onto the French stage. Yet Ducis's formulation also reflects the cultural status that the English playwright was gradually acquiring in eighteenth-century France. Little more than a generation earlier, Shakespeare had been all but unknown, familiar to the reading public only indirectly through the brief, second-hand accounts of a handful of anglophiles, such as Voltaire and the abbé Prévost. By Ducis's day, however, Shakespeare's fame and reputation had grown so much that Voltaire was already regretting having introduced this 'histrion barbare' to the French public.² Shakespeare's renown had been further cemented in the late 1740s with the publication of Pierre-Antoine de La Place's *Le Théâtre anglais* (1745–49), a collected edition of abridged synopses-cum-translations of various English-language plays, in which Shakespeare held pride of place. Although patchy in its coverage and somewhat watered-down in its expression in line with French aesthetic tastes,³ this collection gave audiences at least a flavour of English theatre, while also helping to enshrine *Hamlet* as one of Shakespeare's most famous works on the continent.

As Ducis was aware, however, there is a vast difference between offering an abridged, paraphrased translation to a curious reading public and presenting a compelling and workable drama onstage, especially before a demanding audience raised with quite different aesthetic expectations. In their attempts to squeeze Shakespeare into the mould of a Racine or a Corneille, Ducis's Shakespeare adaptations thus provide an almost 'textbook demonstration' of 'a head-on clash of conventions, those of a boisterous Elizabethan tradition and of a reserved French classicism'.⁴ *Hamlet* was not Ducis's first play, although he already seems to have been at work on it when its predecessor, the ill-fated

---

¹ See below, p. 31
² Voltaire, letter to d'Argental, 19 July 1776 (letter D20220), ed. by Theodore Besterman, in *Œuvres complètes*, ed. by Nicholas Cronk and others, 205 vols (Voltaire Foundation, 1968–2022), vol. 127 (1975), pp. 231–33 (p. 232).
³ For more on La Place, see Christian Biet, 'Le *Théâtre Anglois* d'Antoine de La Place (1746-1749), ou la difficile émergence du théâtre de Shakespeare en France', *Actes des congrès de la Société française Shakespeare*, 18 (2000), pp. 27–46. For La Place's *Hamlet* in particular, see Helen Phelps Bailey, *Hamlet in France from Voltaire to Laforgue* (Droz, 1964), pp. 8–11.
⁴ Peter V. Conroy, Jr, 'A French Classical Translation of Shakespeare: Ducis' *Hamlet*', *Comparative Literature Studies*, 18.1 (1981), pp. 2–14 (p. 2).

tragedy *Amélise* (1768), received its single performance.⁵ Despite its brief first run in 1769-70 — curtailed by the illness of its leading actor, Molé — *Hamlet* met with enough success that it set Ducis on course to become Shakespeare's foremost adapter in the French Enlightenment. Three years later, buoyed by *Hamlet*'s popularity, Ducis produced a second Shakespeare adaptation, *Roméo et Juliette* (1772). After a pause of about a decade, which saw only one new play, the non-Shakespearean *Œdipe chez Admète* (1778), Ducis would then produce four new Shakespeare adaptations from 1783 to 1792. *Le Roi Léar* (1783) was followed by the less popular *Macbeth* (1784) and the near-failure *Jean sans Terre* (*King John*, 1791), but these plays' muted success was more than compensated by his last Shakespearean work, the box-office smash *Othello* (1792). *Hamlet*, however, held a particular place in Ducis's heart. In the early years of the nineteenth century, Ducis returned to it almost obsessively, tweaking or overhauling lines, scenes, and sometimes entire acts in his attempt to bring it closer to his ideals. As this edition will demonstrate, *Hamlet* was thus both a labour of love and an unfinished work in progress for Ducis throughout much of his life.

The reverence Ducis felt towards Shakespeare was certainly atypical of his time. Not content with having engravings of Shakespeare and of David Garrick's Hamlet facing him at his writing-desk, Ducis celebrated a yearly 'fête de Saint-Guillaume' of his own devising on Shakespeare's birthday.⁶ According to Ducis, Shakespeare was quite simply

> [le] plus vigoureux et [le] plus étonnant poète tragique qui ait peut-être jamais existé; génie singulièrement fécond, original, extraordinaire, que la nature semble avoir créé exprès, tantôt pour la peindre avec tous ses charmes, tantôt pour la faire gémir sous les attentats ou les remords du crime.⁷

Ducis's devotion to Shakespeare was not, however, boundless. Since he drew the line at actually learning English or visiting England, his love of Shakespeare was effectively a love of what he could glean, reconstruct, and imagine from French-language sources. In this respect, Ducis's lack of direct familiarity with English theatre was typical of his time. When his *Hamlet* was first staged in Paris, members of the theatre-going public would have known Shakespeare above all by his reputation for crudeness, vulgarity, and tasteless violence; for example,

---

⁵ See John Golder, *Shakespeare for the Age of Reason: The Earliest Stage Adaptations of Jean-François Ducis 1769-1792*, Studies on Voltaire and the Eighteenth Century, 295 (Voltaire Foundation, 1992), p. xii.

⁶ On the engravings, see E. Preston Dargan, 'Shakespeare and Ducis', *Modern Philology*, 10.2 (1912), pp. 137-78 (pp. 141-42). On the anecdote about the 'fête de Saint-Guillaume', see François-Vincent Campenon, ed., *Œuvres posthumes de J. F. Ducis précédées d'une notice sur sa vie et ses écrits* (Paris: Nepveu, 1826), p. lxvii.

⁷ Ducis, *Le Roi Léar* (Paris: Gueffier, 1783), p. v.

Shakespeare's original bloody denouement to *Hamlet* had been denounced by one actor as evidence of how English playwrights 'ont ensanglanté la scène au-delà de l'imagination'.[8] Consequently, as Ducis scholar John Golder puts it, 'if the names of Shakespeare or Hamlet meant anything at all to the average Parisian playgoer in 1769, they probably betokened something bizarre and scandalous. Not unexpectedly, then, the first performances of *Hamlet* drew large houses'.[9]

Attempting to lend some aesthetic legitimacy to his enterprise, Ducis secured some of the foremost actors of the day — most notably Monsieur Molé and Mademoiselle Dumesnil. Molé had not been Ducis's first choice for Hamlet; the great actor Lekain had previously turned down the role, concerned that Shakespeare's 'crudités' would be unpalatable to audiences brought up on the refinements of Corneille and Racine.[10] While Lekain's misgivings proved ill-founded in terms of the play's box-office popularity, many self-appointed theatre experts starkly disapproved of the venture: for example, the critic d'Argental dismissed the play itself as 'platement noir, une horreur à froid est [*sic*] ce qu'il y a de plus détestable', concluding that its success with audiences merely demonstrated 'que le théâtre est dans la décadence la plus marquée et que le goût du public est très brouillé'.[11] After receiving a further twelve performances between September 1769 and January 1770, *Hamlet* would nonetheless go on to be staged no fewer than 191 times between 1787 and 1851 — making it the most popular eighteenth-century tragedy at the Comédie-Française by any playwright other than Voltaire.[12] *Hamlet* also proved very popular with readers, undergoing at least ten individual re-editions during Ducis's lifetime and featuring in four reprints of Ducis's collected works by 1822; translations (into Spanish, Italian, Dutch, and Russian) also spread across much of Europe, such that many countries' first contact with *Hamlet* was via Ducis's version rather than Shakespeare's.[13] For these reasons, it is not perhaps an exaggeration to say, with James M. Vest, that Ducis's *Hamlet* is 'one of the most important *Hamlets* of all time'.[14]

---

[8] Louis Riccoboni, *Réflexions historiques et critiques sur les différents théâtres de l'Europe* (Amsterdam: Compagnie, 1740), p. 128.
[9] Golder, p. 44.
[10] Golder, p. 16.
[11] D'Argental, in Voltaire, *Œuvres complètes*, vol. 119 (1974), pp. 301–02 (D15970).
[12] *Hamlet: A Tragedy Adapted from Shakespeare (1770) by Jean François Ducis. A Critical Edition*, ed. by Mary B. Vanderhoof, *Proceedings of the American Philosophical Society*, 97.1 (1953), pp. 88–142 (p. 97).
[13] See James M. Vest, *The French Face of Ophelia from Belleforest to Baudelaire* (University Press of America, 1989), p. 96. Ducis's version also formed the basis of a 'pantomime tragique' in 1816: *Hamlet, pantomime tragique en trois actes, mêlée de danses* (Paris: Barba, 1816).
[14] Vest, p. 83.

From Shakespeare to Ducis

Of course, for all Lekain's concerns about Shakespearean 'crudities', it was not actually Shakespeare that Ducis was offering to his audience. Ducis's *Hamlet* is in no way a translation of Shakespeare's original play. Even the briefest glance at his rendering of what he called the 'fameux monologue, *Mourir, dormir*'[15] in Act III of the 1809 edition shows how loosely he adapted his source material even when he felt he was following in Shakespeare's footsteps (and indeed even when he had Pierre Letourneur's new and relatively accurate 1779 translation at his disposal). Indeed, Ducis's *Hamlet* differs from Shakespeare's original in countless respects. In the approving words of Jean-Francois de La Harpe, Ducis 'a simplifié l'ouvrage de Shakespeare, l'a purgé de beaucoup de défauts et l'a orné en plus d'un endroit'.[16] He cuts away many of the perceived verbal excesses and subplots of the original, editing down the roughly 30,000 words of Shakespeare's longest play into something slightly less than half that. Much of this editing had already been performed by La Place, of course, whose own 120-page duodecimo version was — at approximately 15,000 words — already highly abridged.[17] Ducis trims down La Place's *Hamlet* still further, while also introducing much new material of his own. He discards many characters altogether, bringing Shakespeare's cast of twenty or so down to only eight — including French-style confidants for three of the main characters (Polonius for Claudius, Elvire for Gertrude, and Norceste for Hamlet). Systematically suppressing all 'signs of irrationality and indecorum' from the original play,[18] Ducis also removes many of Shakespeare's iconic and often macabre visual elements: the re-enacted dumb-show poisoning, Hamlet's murder of Polonius, Yorick's skull, the fight beside Ophelia's grave, but not — as we shall see shortly — the murdered king's ghost.

In fact, Ducis makes so many changes that it is perhaps easier to consider which broad brushstrokes of Shakespeare's plot he does keep. As well as preserving (albeit sometimes frenchifying) the names of the main characters, Ducis also maintains certain aspects of the core plot: the protagonist Hamlet is visited by the ghost of his kingly father and tasked with avenging the latter's murder at the hands of his mother Gertrude and her lover Claudius. Within this basic framework, however, Ducis changes many of the events, characters, and relationships; for example, he transforms Shakespeare's doddering Polonius

---

[15] Letter to Talma, 10 April 1804, in *Œuvres posthumes*, II. 204.
[16] Cited in Golder, p. 52.
[17] La Place tends to translate only those scenes he regards as key for the plot — as well as occasional curiosities like the 'gravediggers' scene in Act V — and paraphrases the rest. He generally uses prose, reserving rhymed alexandrines only for occasional scenes to which he wants to lend heightened rhetorical significance: in this play, Hamlet's first encounter with the Ghost (Act I) and Claudius's repentant prayer (Act III).
[18] Vest, p. 76.

into an astute henchman for the villain Claudius and entirely removes the slaughter that ends Shakespeare's play with an at least partly happy ending, which sees Hamlet survive to rule Denmark.

Ducis also makes various formal changes to fit Shakespeare's play into the restricted parameters of French theatrical convention. He replaces the mixture of prose and verse we find in Shakespeare and La Place with traditional French alexandrine couplets throughout, also compressing events so that they can obey the unities of time, place, and action. Whereas events in Shakespeare's play last at least a few months, Ducis boils his action down into a single day: that of Hamlet's proposed coronation. Ducis also limits the dramatic action to a single room, although this is scarcely the 'vague and undefined', 'physically neutral' space that some have suggested.[19] Indeed, attentive in good eighteenth-century fashion to his play's visual impact, Ducis gives various indications of the room's décor; it is surrounded by 'voûtes funèbres' (v. 1. 1203) and contains statues, an armchair, and a couple of tables; Golder has also helpfully reconstructed other elements of the play's decor.[20] More important than the physical staging, though, is the psychological and symbolic significance with which Ducis invests it; the very walls seem to call out to Hamlet with their oppressive 'ordres sanglants' for vengeance (II. 5. 524). This sensitivity to space is particularly acute in the 1770 conclusion, which identifies the stage space as that very 'lieu funeste' in which Hamlet's father was originally poisoned (v. 6. 1365). This knowledge colours various scenes, suggesting why the Ghost is particularly drawn to haunt this room and why it can lead Hamlet to this location. Hamlet's confrontation with his guilty mother in Act IV also gains a certain resonance when we consider that the table on which he places his father's ashes is presumably the very table on which she had previously left the poisoned drink. Ducis also exploits the power of lighting in different versions — for example, leading Claudius to mistake Hamlet for Polonius in the dark in 1770 (v. 6). Rather than follow the unities passively or slavishly, then, Ducis exploits them to great dramatic effect, investing the stage space in particular with a proto-Gothic sense of horror and foreboding.

Ducis also rewrites the political and familial stakes of the original. In Shakespeare's *Hamlet*, the old king's death means that the Danish throne has passed — somewhat incongruously, although this is never acknowledged — on to his brother Claudius. Reinstating the tradition of primogeniture, Ducis establishes Hamlet as the incumbent king, beloved by his people but not yet crowned. Claudius, conversely, is no longer Hamlet's uncle and Gertrude's second husband, but rather an ambitious 'premier prince du sang' (p. 32) who seeks to depose Hamlet and has not yet secured Gertrude's hand in marriage. While these changes to the source material were criticised by some

---

[19] See, for example, Conroy, p. 8
[20] See Golder, p. 70.

contemporaries, Ducis's decision to loosen the family bond between Claudius and the dead king allows him both to remove the controversial incest theme and to develop a new sub-plot involving Ophélie, which we shall explore shortly.

Madness and Melancholy

Although Hamlet does not dominate in terms of stage presence — in this respect, Gertrude is most important[21] — he is, as in Shakespeare, the fulcrum around which the play circles. Shakespeare's Hamlet, of course, is a notoriously complex figure; the debates about, say, the extent of his lucidity during the madness and 'antic disposition'[22] he supposedly feigns do not, however, concern us here. Suffice it to say that such evocations of insanity have little place on the eighteenth-century French stage; as Ducis acknowledges in his preface to *Le Roi Léar*, it would be a bold move to 'faire paraître sur la scène française un roi dont la raison est aliénée'.[23] Instead, Ducis clarifies and simplifies his protagonist's mental state considerably. Gone are Hamlet's teasing and playful allusions to hacksaws and mousetraps; instead, Ducis's protagonist suffers from a generally melancholic, morbid disposition, accompanied by macabre visions and hallucinations, particularly of his father's ghost.

Even more insistently than Shakespeare, Ducis diagnoses Hamlet in terms of melancholy, a condition whose various symptoms were often understood to include 'strange voices, visions, [and] apparitions'.[24] The source of Hamlet's melancholy is, at least at first, a mystery for both characters and audience. Some characters assume it stems from frustrated love; revealingly, the word 'mélancolie' is twice rhymed with 'Ophélie'. Ophélie herself, however, proposes an alternative explanation (and indeed another rhyme), attributing it to the visions of corpses, coffins, and furious spectres 'dont son âme est remplie' (III. 2. 829), thus suggesting that his visions foster his melancholy rather than vice versa. Yet melancholy had long been prized — from Shakespeare's day, via Enlightenment sensibility, and well into Romanticism — as the sign of a superior soul. Certainly, Ducis sometimes taps into this vein, speaking of Hamlet's 'sensibilité touchante' (p. 31); Golder, indeed, has branded Ducis's Hamlet as the typical eighteenth-century 'Man of Feeling'.[25] Yet the play

---

[21] Gertrude speaks 38% of the play's lines, compared to 34% for Hamlet and 22% for Ophélie; see Vest, p. 87.

[22] William Shakespeare, *Hamlet*, ed. by Ann Thompson and Neil Taylor (Arden Shakespeare, 2006), I. 5. 170.

[23] *Le Roi Léar, tragédie en cinq actes et en vers* (Paris: Gueffier, 1783), p. v.

[24] Robert Burton, *The Anatomy of Melancholy*, ed. by Angus Gowland (Penguin, 2023), p. 134.

[25] Golder, p. 33. Conversely, Benjamin Robert Haydon, an English admirer of Shakespeare, complained in 1814 that Ducis had gone too far, turning his hero into a 'blubbering boy'

sometimes also pathologises Hamlet's melancholy; according to Claudius in the opening scene, for example, Hamlet is 'un roi mourant, triste, morne, abattu' (I. 1. 67), who constantly nourishes 'le fiel dont il est dévoré' (I. 1. 3–4).

This assessment of Hamlet is broadly borne out by his early appearances. Like his Shakespearean counterpart, Ducis's Hamlet shows a fascination with death, particularly his own. In a long conversation with Ophélie, he laments the sorrows and disillusionments of life in general, concluding that 'Languissant, abattu, souffrant, prêt à périr, | Mon malheur est de vivre, et non pas de mourir' (III. 1. 759–60). In the following scene he threatens to take his own life, hoping to follow the Ghost into the afterlife rather than remain 'exilé, mourant, chargé d'ennuis' on earth (III. 2. 887). Unsurprisingly, the opportunistic Claudius considers this melancholic languor ill-suited to Hamlet's kingly duties; he dismisses him as as 'un faible roi qui ne peut gouverner, | Une ombre, un vain fantôme inhabile à l'empire' (I. 1. 84–85). Symbolically, Claudius's imagery of 'shadows' and 'phantoms' thus conflates Hamlet with his dead father, whose ghostly half-life he seems to share. In this respect, Hamlet's eventual triumph over the usurper also marks his personal victory over those weaknesses that had prevented him from ruling. He is not necessarily cured of his melancholy — indeed, most versions end with him claiming that he was born to suffer — but he is able to overcome it.

Staging the Ghost

In Shakespeare's play, it is impossible to explain away the Ghost as merely a symptom of Hamlet's melancholy. It has a speaking part, and can be seen and heard — at least sporadically — by various different characters. Even the sceptical Voltaire acknowledges the Ghost's great dramatic power in Shakespeare:

> parmi les beautés qui étincellent au milieu de ces terribles extravagances, l'ombre du père d'Hamlet est un des coups de théâtre les plus frappants. Il fait toujours un grand effet sur les Anglais, je dis sur ceux qui sont le plus instruits, et qui sentent le mieux toute l'irrégularité de leur ancien théâtre.[26]

Furthermore, Voltaire explains, Shakespeare's Ghost is deeply integrated into the plot, as the agent pushing Hamlet to vengeance. Voltaire himself had attempted to follow Shakespeare's model with the vengeful onstage ghosts in *Ériphyle* (1732) and *Sémiramis* (1748), but with little success; indeed, the cluttered stage of *Sémiramis* led to a notorious episode in which aristocratic

(against a seemingly masculinised Ophelia whose 'innocence and weakness had been lost'). See Haydon, *The Life of Benjamin Robert Haydon, from his Autobiography and Journals*, ed. by Tom Taylor, 3 vols (Longman, Brown, Green, and Longmans, 1853), I. 266.

[26] Voltaire, 'Dissertation sur la tragédie ancienne et moderne', ed. by Robert Niklaus in *Œuvres complètes*, 30A (2003), pp. 139–64 (p. 161).

spectators, having paid for premium seats onstage, were asked to make way to let the ghost pass.[27]

Even a full decade after the famous 1759 banishment of spectators from the stage, however, Ducis cautiously decided to make his ghost visible only to the protagonist rather than granting it any firm physical existence. Accordingly, everything we learn about Ducis's Ghost comes from Hamlet himself — sometimes through retrospective expository narration, but often (and more strikingly) in real time, as we watch Hamlet interact with the invisible entity onstage. This technique was not Ducis's invention — it appears in works by Aeschylus, Shakespeare, Racine, and others — but he does use it at rather greater length than most predecessors; he will also reuse the technique, more briefly, in his *Macbeth* (1784). Hamlet receives at least two ghostly visitations during different versions of the play (not to mention its two appearances before the play starts). This aspect of Hamlet's role must have been quite physically strenuous for an actor, who must conjure up the sustained illusion of the Ghost's presence for spectators through performance alone. One early commentator jokingly complained that Ducis was attempting to kill off his sickly leading man Molé by forcing him to keep up the same 'ton lugubre et infernal' throughout.[28] Others, conversely, felt that Molé's performance was not strong enough to conjure up the Ghost's presence; Fréron suggested that the paradoxical 'agitation monotone' of Molé's acting could have been resolved by actually showing the Ghost onstage.[29]

Ducis thus leaves open the possibility that the Ghost is merely a symptom of Hamlet's melancholy. Occasionally, though, he offers glancing suggestions that the Ghost might be perceptible to others. We learn in the first scene that the old king's death was marked by various seemingly supernatural or even apocalyptic events (tempests, shipwrecks, darkness, thunderbolts), amongst which some people imagined they saw the dead king's shade. Although all these supernatural events are couched, in good 'classical' mode, as mere hearsay from superstitious and unreliable subjects, Ducis is thus able to give some hauntingly

---

[27] See Pierre Frantz, 'Voltaire et ses fantômes', in *Dramaturgies de l'ombre*, ed. by Françoise Lavocat and François Lecercle (Presses Universitaires de Rennes, 2005), pp. 263–75 (p. 269).

[28] Anon. [Lamotte?], *Lettre d'un jeune homme à l'auteur de la tragédie d'Hamlet* (Paris: [n. pub.], 1769), p. 32. The critic's words allude to a notorious event a century earlier, in which over-exertion in a similar hallucinatory role (in Racine's *Andromaque*) led to the collapse and death of the famous actor Montfleury.

[29] See Golder, p. 53. One figure to be won over to Ducis's technique was the English artist Benjamin Robert Haydon, who recounts watching an 1814 performance of the play at Versailles with Talma at the helm. Despite his misgivings about other aspects of the performance, Haydon praises the 'dreadful' impression made by the unseen Ghost in a staging that, he claims, 'has shaken my orthodoxy as to the admission of the Ghost'. Haydon, unpublished diary entry (17 June 1814), cited in Willard B. Pope, 'Ducis's *Hamlet*', *Shakespeare Quarterly*, 5.2 (1954), pp. 209–11 (p. 210).

second-hand evidence of the Ghost's reality from the start. One hastily expunged scene from the play's very first performance (albeit one that Ducis and his editors sometimes saw fit to publish as a variant) also briefly conferred upon the Ghost some still greater existence. Here, the Ghost's voice emerges from nowhere to tell Hamlet to strike his mother, while she is onstage and presumably in earshot. In this version, perhaps having now been alerted to the Ghost's reality, Gertrude herself twice evokes the Ghost's presence in later scenes, albeit in ways that are considerably more circumspect than her son's fevered hallucinations.

For the most part, though, Ducis's Ghost is perceptible to Hamlet alone. Other characters are sceptical: Norceste attributes it to Hamlet's 'sens troublés' (II. 5. 586), while Claudius dismisses it as a fiction invented by Hamlet in order to make 'obscurs reproches' to him (V. 1. 1331). In fact, the Ghost is only one of various visions to torment Hamlet, who is also assailed by macabre hallucinations of corpses, coffins, bloody fires, deathly shadows, and cries of vengeance. Trapping his protagonist in a world of nightmarish multi-sensory hallucinations that he alone can perceive, and that sometimes block out his awareness of those around him, Ducis thus evokes a stark and poignant disjuncture between what we see onstage and those frenzied hallucinations that we only learn of second-hand. The pathos of Hamlet's isolation becomes particularly apparent in Act III, Scene 2; here, Gertrude and Ophélie look on in horror as Hamlet recounts, in real time, first the Ghost's threatening demeanour and then its silent, tearful disappointment at he fails to carry out his duty. Although Hamlet pleads with it to stay, it sorrowfully departs; only Gertrude's swift action prevents Hamlet from taking his own life to follow it into the underworld. Even when Hamlet comes to his senses again, the poignancy of Hamlet's solitude remains, since he realises that his mission involves losing the two women closest to him.

Love, Revenge, and Family

From Hamlet's perspective, the primary uncertainty surrounding the Ghost lies not in its existence but in the morality of the mission with which it charges him. In Shakespeare, Hamlet is quick to suspect that the apparition may in fact be some diabolical illusion sent to trick him, but resolves to listen to it whether it brings with it 'airs from heaven' or 'blasts from hell' (I. 4. 41), and he remains uncertain when he is entrusted with his mission of vengeance. Shakespeare further complicates the morality of Hamlet's mission, first by showing Claudius already wracked with guilt for the murder and desperately praying for absolution, and second by showing Hamlet's own cruel refusal to kill him when his repentant soul might ascend to heaven.

Ducis simplifies the moral stakes of Hamlet's vengeance by turning Claudius into a more straightforwardly ambitious villain. Admittedly, Claudius's ill will towards the old king is not entirely unjustified; the latter had unfairly sidelined him and callously forbidden his daughter from marrying. However, Claudius's readiness to kill again to secure the throne make his death necessary as much for Hamlet's own safety as for the Ghost's vengeance. Ducis also introduces a new ethical obstacle by rearranging Shakespeare's familial relationships. Tightening the plot considerably, Ducis transforms Ophélie from being Polonius's daughter into Claudius's. Hamlet's need to avenge his father by killing that of his beloved thus injects Shakespeare's plot with the underlying aporia of Pierre Corneille's tragicomedy *Le Cid* (1636),[30] in which the heroine Chimène is torn between conflicting impulses of love for Rodrigue and duty to avenge her father, whom he had killed in a duel. While the situations are not identical, Ducis's scenario certainly echoes the underlying predicament of both Corneille's characters, and he underlines this resemblance with a few Cornelian turns of phrase. Ophélie's words to Hamlet — 'Mon devoir désormais m'est dicté par le tien; | Tu cours venger ton père, et moi sauver le mien' (IV. 2. 1063–64) — clearly echo the parallelism that sets Chimène and Rodrigue against each other, in lines such as the following:

> Tu n'as fait le devoir que d'un homme de bien;
> Mais aussi, le faisant, tu m'as appris le mien. [...]
> Tu t'es, en m'offensant, montré digne de moi;
> Je me dois, par ta mort, montrer digne de toi.[31]

In effect, Ducis's *Hamlet* thus combines Rodrigue's situation (the need to kill his beloved's father) with Chimène's underlying aporia (knowing that achieving vengeance would thwart their love). Complicating matters further is Hamlet's misplaced belief — disproved by subsequent events — that Claudius's death will destroy Ophélie: 'Immoler Claudius, punir cet inhumain, | C'est plonger à sa fille un poignard dans le sein' (II. 5. 596).

This quasi-Cornelian stand-off between Hamlet and his 'worthy match' Ophélie[32] reflects the importance of filial duty for the play. Ophélie proves to be a dutiful daughter to her villainous father in other scenes too. In many versions of Act V, she first refuses to believe her father capable of evil plans and then attempts to appeal to his better nature to win him over; while his death does not destroy her, as Hamlet suspects, it does destroy any plans for marriage. The question of filial duty was very important to Ducis, whose strong moral views on 'the primacy of the natural affections and the family obligations' often — Golder argues — informed his choice of which Shakespeare plays to adapt.[33] Ducis frequently stresses filial affection in his writings on *Hamlet*; in a letter to

---

[30] As Golder points out, this underlying structure is already present in Shakespeare's *Hamlet*, where Hamlet kills Polonius, father of his beloved Ophelia (p. 25).
[31] Pierre Corneille, *Le Cid*, in *Œuvres complètes*, ed. by Georges Couton, 3 vols (Pléiade, 1980–87), I. (III. 4. 921–22; 941–42).
[32] Vest, p. 86.
[33] Golder, p. 328.

Garrick he calls his Hamlet 'un modèle de tendresse filiale',[34] and he refers to Hamlet's 'piété filiale' in two of the play's paratexts. Yet Ducis's clarification in his 1812 dedication (see Appendix G) that he had sought to depict 'la tendresse d'un fils pour son père' (p. 184) might seem surprising. After all, for most of the play it is Hamlet's fraught affection for his mother, rather than for his father, that predominates. Indeed, although he briefly reminisces on the tender concern with which his father brought him up (II. 5. 514), for the most part Hamlet's relationship towards his murdered father owes more to its origins in Renaissance revenge tragedy than to late-Enlightenment or early Romantic sentimentality. Indeed, Hamlet repeatedly treats the Ghost more as the mouthpiece of heaven than as an object of filial affection. Only once does Hamlet ever directly address the Ghost as his father, and this is at a particularly intense moment, when it is commanding him to kill his own mother:

> Qu'ordonnes-tu? de frapper? j'obéis.
> Mon père, tu la vois, grâce!... je suis son fils. (v. 6 (1809 edition); see Appendix A, p. 138)

In order to appreciate the intensity of this moment, however, we first need to reflect more on the full extent of Hamlet's task.

Heaven or Hell: Revenge on Gertrude

In Shakespeare's tragedy, the Ghost explicitly insists that Hamlet restrict his revenge to Claudius alone, telling him

> But howsomever thou pursues this act,
> Taint not thy mind nor let thy soul contrive
> Against thy mother aught; leave her to heaven,
> And to those thorns that in her bosom lodge
> To prick and sting her. (I. 5. 84–88)

Matricide, after all, is one of the period's greatest taboos; indeed, it is the very crime that prompts Hamlet's mythological precursor Orestes to be hounded into madness by the infernal Furies. Accordingly, Shakespeare's Ghost tells Hamlet to leave his mother's punishment to her own conscience and to heaven's justice. Interestingly, however, Hamlet struggles with this stipulation; ready to 'drink hot blood', he has to remind himself, for example, to 'be cruel, not unnatural' towards her, and to 'speak daggers to her but use none' (III. 2. 380–86). La Place's version drops this cannibalistic imagery but still has Hamlet fantasise about shedding 'le sang tout fumant des bourreaux de mon père'.[35]

Ducis's rather more bloodthirsty Ghost, however, insists that Hamlet must shed, indiscriminately, the blood of both perpetrators, and demands that he

---

[34] Letter to David Garrick (14 April 1769), in *Lettres de Jean-François Ducis, nouvelle édition*, ed. by Paul Albert (Jousset, 1879), p. 8.

[35] Pierre-Antoine de La Place, *Hamlet*, in *Le Théâtre anglois*, 8 vols (London [Paris?]: [n. pub.], 1745–48), vol. II (1746), p. 345 (III. 14).

remain undaunted in the face of this unnatural mission: 'Ne crains point [...] d'outrager la nature' (II. 5. 542). Ducis thus chiastically inverts the underlying situation of Shakespeare's play. Whereas Shakespeare's Hamlet wishes to hurt Gertrude despite the Ghost's strict command not to, Ducis's Ghost insists that Hamlet kill her despite his own misgivings. The Ghost thus places Hamlet into what Georges Forestier has called the Cornelian 'situation bloquée': that is, an impossible situation in which the hero is unable to 'répondre à la violence par la violence sous peine d'avilir la nature sans tache de son héroïsme'.[36] Being duty-bound to kill someone whose death would forever tarnish his glory and reputation, Hamlet is thus placed into a second 'Cornelian' dilemma, one with even more at stake than the mere loss of Ophélie.

The Ghost's brutal command does have some moral justification here, however, since Ducis's Gertrude is technically the murderer. As she confesses in Act II, she left her husband a drink laced with deadly poison; although she quickly succumbed to guilt, she returned too late to stop him drinking. Her guilt, which becomes apparent even before her husband's death, soon becomes her defining characteristic. Indeed, Ducis effectively displaces onto her all the contrite introspection that Shakespeare concentrates on Claudius, turning her into a powerful example of remorse and repentance. Unlike her Shakespearean counterpart, Ducis's Gertrude swiftly abjures her former love for Claudius and (in most versions) takes her own life in an attempt to expiate her crime. This characterisation has both ethical and dramatic advantages for Ducis. In creating Gertrude, he explains, he sought to 'faire un rôle intéressant d'une reine parricide'.[37] Indeed, for Golder at least, Gertrude's intense remorse holds a far greater 'didactic value' than anything we find in Shakespeare's rather more passive queen.[38]

At the same time, this emphasis on Gertrude's remorse also complicates the play's ethical dimension: as Golder points out, Ducis's moral 'whitewashing' of Gertrude makes the Ghost's 'intractable demand for her death' appear 'intolerably harsh'.[39] Yet we do not have to agree with Golder that this harshness is 'surely unintentional' on Ducis's part,[40] since the play clearly does not present the Ghost's mission as morally straightforward or unproblematic. After all, Hamlet frequently attempts to resist the Ghost's commands; he mentions various strategies to 'démentir les dieux' and thus abdicate his duty (II. 5. 568). More than once he begs the Ghost to be satisfied with his mother's repentance, but its cruel intransigence leads him to suspect that it may be some devilish illusion. Believing that heaven would never demand such a horrific sacrifice, Hamlet directly challenges both the Ghost's provenance and its moral legitimacy:

---

[36] Georges Forestier, *Essai de génétique théâtrale. Corneille à l'œuvre* (Droz, 2004), p. 260.
[37] Letter to David Garrick (14 April 1769), in *Lettres*, p. 8.
[38] Golder, p. 26.
[39] Golder, p. 31.
[40] Golder, p. 31.

> Viens-tu pour me troubler d'un prestige odieux?
> Viens-tu pour m'annoncer la volonté des dieux?
> Si tu n'es des enfers qu'une noire imposture,
> Qui t'a donné le droit d'affliger la nature? (III. 2. 871–74)

The original 1769 conclusion makes the physical cost of Hamlet's inner struggles palpable; here Gertrude attributes her son's deadly languor to his struggle with the gods themselves.

Like Shakespeare, Ducis leaves the question of the Ghost's origins or moral status frustratingly unresolved. Although Shakespeare's Ghost simply disappears from the play after Act III, its initial command sets in motion a sequence of events that will end with the deaths of all the main characters. If Shakespeare's brutal denouement thus implies that the Ghost was indeed the agent of some infernal force all along, Ducis's relatively happy ending might suggest something similar but via the opposite route. After all, Hamlet proves his moral calibre, and earns the right to survive and reign, in part through his resistance to the Ghost's bloodthirsty commands. Yet we should not assume that the Ghost is a purely malevolent force either; not only does it indirectly alert Hamlet to the dangers of Claudius's conspiracy in the first place, but it is also apparently placated by the two perpetrators' deaths even if these are not both carried out by Hamlet himself.

Catching the Conscience of the Queen

By far the most popular scene of the play, amongst both audiences and critics, is an episode in which Hamlet confronts his mother with an urn containing his father's ashes. In Shakespeare, Hamlet, still suspicious of the Ghost's provenance and motivations, decides to 'catch the conscience of the King' by observing Claudius as he watches the original murder being performed in fictionalised form onstage (II. 2. 540). This implausible metatheatrical device was clearly ill-suited to the French stage, although Ducis would reintroduce elements of it in later versions. Instead, Ducis reworks elements of Shakespeare's 'bedchamber' or 'closet' scene into a powerfully macabre and dramatically compelling episode in which Hamlet forces his mother to swear her innocence on an urn of her husband's ashes. For commentators like Diderot, this solution vastly improved on Shakespeare's equivalent scene: 'Vous avouerez que ces cendres confrontées à l'homicide sont un moyen de découvrir le crime, bien plus naturel, plus décisif et plus tragique que cette pièce que fait jouer Hamlet dans l'anglais pour pénétrer un mystère de cette importance'.[41]

In order to make this confrontation more psychologically and dramatically compelling, Ducis carefully invests the urn with some seemingly mystical power,

---

[41] Diderot, 'Hamlet, tragédie de Ducis', in Œuvres complètes de Diderot, III: Belles-lettres (Claye, 1875), pp. 471–76 (p. 475).

transforming it into a palpable incarnation of the mission the Ghost has given Hamlet. When first confronted with the urn, Hamlet is nearly dumbstruck; he shortly feels his father's ashes trembling and even hears them lament. Hamlet's solemn, awed behaviour lends the urn a symbolic power that helps explain Gertrude's confusion and despair when asked to swear her innocence; when her language trails off and she collapses onto an armchair, her behaviour definitively confirms to Hamlet her guilt. Yet even such proof is not enough to prompt Hamlet to take action. In most versions of the play, he first begs her (using a distinctly Christian argument couched in strangely pagan vocabulary) to seek forgiveness from heaven, before calling upon the Ghost to accept her contrition and to relent. Finally, fearing that he may be driven to kill her by forces beyond his control, he urges her to keep her distance, before fleeing himself.

In the original performance, however, the Ghost now reappears before Hamlet, demanding vengeance; when the desperate Gertrude falls at her son's feet, he draws his dagger but turns away from her so as not to see himself deliver the fatal blow. It is at this point that the Ghost makes itself audible to the audience for the first and only time; ironically, its command to 'Frappe' seems to awaken him from his daze and to alert him again to his mother's presence. This episode is a striking and memorable one, but the sight of Hamlet prepared to kill his mother was swiftly cut in response to scandalised audience objections.[42] Yet occasional echoes of this exorcised ghostly scene seem to haunt the play's later incarnations. For a start, Ducis (or his editors) saw fit to preserve it as a variant in later editions, at least those of 1770. Later, too, this moment was preserved in a powerful lithograph, reproduced on the cover of this edition, depicting François-Joseph Talma as Hamlet and Mademoiselle Duchenois as Gertrude (see also p. viii). This image is, however, something of an anomaly; while the casting implies that it depicts the 1807 run,[43] both the scene it depicts — Hamlet with his poised dagger — and the quotation that accompanies it only correspond to the unpublished 1769 edition (a detail that perhaps also explains the curiously incomplete act and scene information offered in the bottom right corner). As this lithograph suggests, Talma's own performance in this scene might thus have tacitly drawn on the controversial staging of the original episode, still half-familiar to readers from the published variants.

The Eighteenth-Century Variants

As already indicated, *Hamlet* went through various different permutations over the course of Ducis's life, and especially in the early nineteenth century. During 1803 and 1813 in particular, the play was in 'a permanently hectic state of revision',[44] with Ducis often seeking the critical input of theatre friends such as

---

[42] See Golder, p. 48.
[43] See Golder, p. 336.
[44] Golder, p. 56.

Talma or the playwright Népomucène Lemercier. At one point, he sends Talma a draft on 23 October 1803 demanding feedback 'sur-le-champ', before sending him a revised version — what he joking calls 'ma seconde édition' — less than two days later.[45] Many drafts have been lost entirely; other versions (including one published edition) are impossible to date with confidence.

While some of the changes Ducis makes are minor and cosmetic, others drastically affect the overall plot, thus causing different narratives to branch off from earlier versions to create different 'timelines'. The most radical changes tend to fall in the final act, which seems to have undergone at least six rewrites between 1803 and 1807.[46] Yet we should not exaggerate the differences between the endings. With a couple of fascinating and notable exceptions, the endings are not always radically different from each other in terms of outcome. For a start, Ducis consistently shuns the grim denouement of Shakespeare's play, in which the throne of Denmark eventually passes over to Fortinbras once all the main characters are dead. Instead, the French Hamlet always survives to fully assume the mantle of kingship; most versions, indeed, end with him uttering the same closing couplet:

> Mais je suis homme et roi. Réservé pour souffrir,
> Je saurai vivre encor; je fais plus que mourir. (v. 7. 1393–94)

Ducis was clearly attached to the bittersweet heroism of these closing lines, which express his hero's resolve to rise above his private sorrows — the death of his mother and the impossibility of marrying his beloved — in the name of his kingly duties. Of course, the political resonances of this defiantly monarchical conclusion inevitably change as France passes from the *ancien régime*, via the Revolution, to Napoleon's rule as Emperor. Yet the routes leading up to Hamlet's melancholically heroic closing couplet also differ — sometimes subtly, sometimes radically — between the different variants. As we shall see here, Ducis's various conclusions try out different solutions to the problem of how to preserve Hamlet's life, and at what moral and emotional cost.

The 1769 Manuscript

The earliest two versions of the play — those of 1769 and 1770 — are quite distinctive, particularly as regards their conclusions. The first version we have is the heavily corrected manuscript Arch C.-F. MS267, which according to both Vanderhoof and Golder contains the script of the play's first performance (on 30 September 1769); Golder proposes, furthermore, that the deletions marked in the manuscript probably refer to 'changes made between the first and second performances'.[47] Not all the changes are in Ducis's hand; indeed, three distinct

---

[45] *Œuvres posthumes*, pp. 198–200.
[46] Golder, p. 57.
[47] Golder, pp. 20–21, n. 40.

hands can be identified. Aside from the ending of Act IV, already mentioned, the most distinctive features of this version relate to the ordering of scenes in Act II (whose two halves are effectively swapped around) and to the entirety of Act V. In the final act, Gertrude discovers the extent of Claudius's villainy and begs him to repent; she is then held captive as Claudius and his conspirators go off to kill Hamlet. A 'messenger speech' from Elvire shortly informs us that Hamlet has been attacked by Claudius and his allies offstage. When Claudius's sword breaks in the ensuing combat, Hamlet finds reinforcements in the form of countless loyal subjects, all ready to defend him. Facing defeat, Claudius unexpectedly draws a dagger and stabs himself, insisting that he would rather die by his own hand than by Hamlet's, and telling Hamlet to take the dagger to his accomplice Gertrude. When Hamlet arrives onstage, Gertrude whips the dagger from his hands and kills herself with it. The play closes with her dying monologue, in which she encourages Ophélie and Hamlet to marry, reminding them to reflect on the dagger if ever some deceiver leads them from the path of duty.

This original version thus ends on a curiously domestic, familial note, with very little acknowledgement of Hamlet's political power and duties as king; instead, the principal focus of the play's closing scene is on the responsibilities of his forthcoming marriage to Ophélie.[48] This conclusion left many critics dissatisfied. One disliked the heavy reliance on narrated offstage action.[49] Although Gertrude's own suicide added some onstage drama, it struck some as undeserved: one critic called it 'postiche, et nullement nécessaire'.[50] On one level, this double suicide neatly resolves both parts of Hamlet's moral dilemma, since it spares him the need to commit matricide and leaves him — as the dying Gertrude spells out — free to marry Ophélie. Yet this denouement also turns Hamlet into an essentially passive figure — one who, as Charles Collé points out, 'n'agit jamais' and who merely stands by as his supposed targets administer justice themselves.[51] Indeed, Hamlet remains markedly silent for the play's last eighteen lines; perhaps symbolically, his final word is a helpless 'arrêtez' (V. 7 (MS267; see Appendix C)) as he tries in vain to keep his mother from taking her own life. We might also wonder with Collé whether the Ghost would truly be satisfied by the perpetrators' suicides rather than their murders; as if keen to

---

[48] See Jürgen von Stackelberg, '*Hamlet* als bürgerliches Trauerspiel: Ideologiekritische Anmerkungen zur ersten französischen Shakespeare-Bearbeitung von Jean-François Ducis', *Romanistische Zeitschrift für Literaturgeschichte* (1979), pp. 122–35.

[49] *Lettre*, p. 35.

[50] L. P. de Bachaumont, *Mémoires secrets pour servir à l'histoire de la république des lettres en France depuis 1762 jusqu'à nos jours*, 36 vols (London: Adamson, 1771–89), II (1784), 147 [14 October 1769], quoted in Golder, p. 50.

[51] Charles Collé, *Journal et mémoires sur les hommes de lettres, les ouvrages dramatiques et les événements les plus mémorables du règne de Louis XV, 1748-1772*, nouvelle édition, ed. by Honoré Bonhomme and Antoine-Alexandre Barbier, 3 vols (Didot, 1868), III, 237.

allay such concerns, Ducis has three of his characters in turn insist that Hamlet's father has been avenged and the moral order restored.

The 1770 First Edition

After the September run, Ducis completely overhauled the final act before the play returned to the stage in December 1769. In particular, he appears to have taken to heart two main criticisms: the reliance on the double suicide to bring about dramatic resolution, and the relative absence of onstage action. In this final act, uniquely amongst the variants, Claudius has already killed Gertrude; he shortly also has his own daughter arrested when she discovers the extent of his villainy. During the play's climax, Hamlet himself emerges unexpectedly from the shadows to confront the would-be usurper, thus bringing the antagonists' public, offstage clash from the first run into the private realm of the gloomy palace. Ducis's choices of staging help to heighten the clash between the two men. Hamlet initially appears here as solitary and vulnerable: as he announces, his guards have all been bought off, and he has been robbed of all he holds dear. Yet this apparent vulnerability is also counterbalanced by a sense of supernatural protection: the Ghost, he tells Claudius, has led him to this fateful location, and a god is guiding his actions. Although Hamlet thus seems to wield the symbolic upper hand, Claudius now turns the tables on him, swiftly revealing both Gertrude's corpse and a group of concealed, armed conspirators.

Provoked by the sight of his murdered mother, Hamlet responds with striking speed, dispatching Claudius and neutralising his allies in one fell swoop. Clearly this dramatic conclusion tested the limits of *vraisemblance*; a later commentator would brand this denouement 'ridicule', announcing that having the heavily guarded Claudius 'se laisse[r] assassiner comme un sot par un homme seul' is 'une de ces pantomimes qui en imposaient autrefois, et qui font rire aujourd'hui'.[52] Yet Ducis strives to present Hamlet's retaliatory violence as legally, causally, and poetically justified; as the triumphant Hamlet explains, kings enjoy supernatural protection, which either 'veille sur leurs jours, ou venge leur trépas' (v. 6. 1382). He graciously spares the rebels' lives, insisting that his vengeance is complete and his father satisfied. With its gloomy lighting, the hidden corpse and conspirators, and the sudden stabbing, this ending clearly exploits the resources of the stage better than the 1769 version. It also deepens the moral questions. If Gertrude's murder in this version further helps to justify Hamlet's killing of Claudius, Claudius's death in turn accentuates the moral cost of Hamlet's own survival. In the play's closing moments, Ophélie runs onstage and forswears any chance of marrying her father's killer, although Ducis's somewhat hasty denouement gives Hamlet little time to articulate his grief at his twofold loss.

[52] Quoted in Golder, p. 55.

This was the version of the play that found its way into print in 1770, and that provides the base text for this edition. Generally speaking, this published version was well received.[53] Certain aspects of it, however, met with criticism; Fréron condemned Hamlet's killing of Claudius, while Bachaumont insisted that this revised ending was no better than the original, replacing 'un dénouement trivial et usé' with 'une catastrophe ridicule et absurde'.[54] Nevertheless, this version establishes what will become the common thread of all later versions: Hamlet's assumption of his kingly authority, manifested primarily through self-control in the face of adversity and loss. Having previously been dismissed by Claudius as a mere 'ghost' of a king, Hamlet now embraces his ghostly father's guidance with resolve rather than terror and finally proves himself worthy of the throne. Of course, such a politically conservative conclusion, which extols divine support for kings, would sit uneasily with the republican ethos of the French Revolution and its aftermath.

Nineteenth-Century Rewrites

Over the next three decades, *Hamlet* continued to be popular with readers, being reprinted various times. It enjoyed rather less success onstage, however; its two revivals in 1787 and 1789 ran for only eight and two performances respectively, compared with the fifty-seven performances that *Othello* would receive between 1792 and 1801.[55] Yet despite *Othello*'s success, *Hamlet* seems to have held a particular place in Ducis's heart. After the failure of his own non-Shakespearean tragedy *Phédor et Waldamir, ou la famille de Sibérie* (1801) and one further, disappointing three-performance run of *Hamlet* in 1803, Ducis gave up composing new material and returned instead to *Hamlet* with renewed dedication. As mentioned earlier, the primary problem for the playwright lay in the final act, which he rewrote quite obsessively. Yet during this creative flurry, Ducis's goal was not merely to avoid adverse criticism but to produce something truly awesome and powerful. In his quest to produce an effect that is truly 'terrible, et digne de la tragédie', he says in one letter, he will need to tap into new sources of horror — or perhaps, rather, to tap anew into old sources: Shakespeare, of course, but also Dante, the Greek tragedians, and nature itself.[56] As we shall see, though, as we move into the nineteenth century, Ducis's rewritings come to differ less in their basic events than in the dramatic treatment these events receive: the onstage presence of the different characters, the audience's relative knowledge of events as they unfold, the motivations propelling or impeding the action, the explicitness of the violence, and so forth.

---

[53] See Golder, 52.
[54] Bachaumont, *Mémoires secrets*, v. 30 [21 December 1769].
[55] The statistics in this paragraph all come from Golder, pp. 335–41.
[56] See *Œuvres posthumes*, pp. 199, 231, 234.

Early Nineteenth-Century Variants

A rewritten *Hamlet* was performed again in 1807, with the period's leading actor, Talma, at the helm, receiving six performances. This lukewarm reception seems to have disappointed Ducis, whose weariness and disillusionment are reflected in a letter a few months later:

> Aussi, qu'on joue ou qu'on ne joue pas mon Hamlet, tout cela m'est égal. Ce qui m'importe, c'est qu'il soit bientôt réimprimé avec ma dédicace à la mémoire de mon père. Voilà ce qui est dans mon cœur, et ce qui n'est pas impossible.[57]

It is not entirely clear what form the 1807 revival took, but two undated versions of the play — the C.-F. MS265 manuscript and the rare Gueffier edition — closely resemble an 1808 edition and presumably date from around that time; Golder (who appears unaware of the 1808 edition) conjectures that the Gueffier edition is a probable candidate for the 1807 run.[58] These versions are broadly similar, at least until their final acts. In any case, the intervening years since the play's first publication had seen Letourneur's more complete and correct translation of *Hamlet* emerge in 1779. Although Ducis borrows surprisingly little textually from Letourneur for his nineteenth-century *Hamlet*s (unlike his more recent Shakespeare adaptations), he does take inspiration from Letourneur's version for two new episodes, which will henceforth become fixtures of the play. The first of these is Hamlet's attempt to catch out the two suspected murderers by scouring their faces as Norceste recounts news of the English king's death under mysteriously similar conditions. Unlike Hamlet's 'mousetrap' test in Shakespeare's play, however, Hamlet's test here proves inconclusive — as indeed it has to do, narratively speaking, in order to justify Hamlet's challenge to Gertrude in the popular 'urn' scene later on. Far from revealing his troubled conscience as his Shakespearean counterpart does, Ducis's Claudius displays such cold indifference and self-composure that Hamlet starts to reflect that the pair might be innocent after all, even despite the seemingly guilty reactions of his mother.

The second addition to these versions involves a deliberate, although still very free, rendering of Hamlet's famous 'To be or not to be' speech (III. 1. 55–89), something that Ducis's letters suggest he was already working on back in 1804. This monologue was already very famous, having been brought to the French public's attention as early as 1734 in Voltaire's *Lettres philosophiques*; interestingly, though, La Place had not given it his seal of poetic approval by rendering it in verse in the *Théâtre anglois* edition. Like Shakespeare's

---

[57] Letter to Lemercier, *Œuvres posthumes*, p. 238 (29 October, p. 238).
[58] The copy of the Gueffier edition I consulted (Shakespeare Memorial Library, Birmingham, 60260) has two handwritten dates — a clearly wrong '1769', subsequently crossed out, and a probably conjectural '1800'.

protagonist, Ducis's Hamlet contemplates the prospect of suicide as a solution to his difficult, even untenable mission. By moving this speech to follow Hamlet's test of Claudius's conscience, however, Ducis further highlights his Hamlet's irresolution in the face of the test's inconclusiveness while also setting up a contrast with the far more resolute monologue that Hamlet later addresses to the urn of his father's ashes.

In different ways, both these changes develop Claudius's powers as a Machiavellian schemer and a consummate actor. Rather than resorting to direct violence, the nineteenth-century Claudius will wield underhand trickery, slander, and threats to claim the throne for himself. In the manuscript version, Claudius plans to have Hamlet ambushed and deposed during his very coronation, and has persuaded Gertrude and Ophélie to stay away. Almost as if they have learned about Hamlet's popularity from previous iterations of the play, Claudius and his henchman Polonius have taken measures to neutralise — through a combination of threats, bribes, and disinformation — the loyal citizens who might otherwise support him. One of Claudius's techniques of disinformation will prove quite promising, and will resurface in later iterations of the play: he accuses Hamlet of the former king's murder, adducing the young king's mental instability and visions as evidence of his own guilt. Ophélie now arrives, bearing an anonymous letter exposing and denouncing Claudius's plans; he responds with angry indignation at the accusation and then, hypocritically abusing his paternal role, self-righteously forgives the now humbled Ophélie. The act now concentrates on the two women who are being kept away from the ceremony itself. While the mood onstage is peaceful, even optimistic — Gertrude joyously looks forward to the young king's marriage to Ophélie — our experience as spectators is of course coloured by our awareness of the threat hanging over Hamlet. Yet Ducis also catches the audience off-guard with a further twist; Gertrude reveals that the libation cup is full of poison, which she will drink to expiate her earlier crime. When Gertrude learns that Claudius is now accusing Hamlet of the original murder, she realises that she can clear her son's name by confessing the truth, but time is pressing as the poison is taking its effect.

For the final showdown between Hamlet and Claudius, Ducis swiftly floods the stage with two rival factions, each accusing the other's leader of killing the previous king. As we shall see, this crowded stage, with its ever-present promise of explosive violence, will become something of a fixture in Ducis's subsequent versions, reflecting the post-Revolutionary period's greater awareness both of the power of the masses and of their unthinking susceptibility to misinformation and propaganda. Here, Gertrude attempts to clear Hamlet's name by blaming herself and Claudius, but the two men — one cynically, one magnanimously — tell those present to ignore her. In her final moments, Gertrude shows the deadly cup to all present, and she dies with the wish that both the gods and those present will protect Hamlet.

At this point, Claudius's supporters abandon him; at Hamlet's command, he and Polonius are escorted offstage to be executed. Hamlet calls upon the 'ciel vengeur' to restore his innocence to enshrine the start of his new reign. Shortly learning that Ophélie has collapsed beside her father's dead body, Hamlet is surprised to find himself still susceptible to love even after his mother's dramatic suicide. In the play's closing moments, however, Hamlet now feels new sensations; persuaded that his father's Ghost has finally been appeased, he looks on as it solemnly disappears from sight, whether to 'la tombe' or to the 'cieux' he does not know.

This manuscript, like subsequent versions, thus reinstates Gertrude's suicide from the original 1769 version. From this point on, Gertrude will always die by her own hand (if not always by poison), just as Claudius will always be killed by Hamlet or at his command, thus preventing any reconciliation, let alone marriage, between him and Ophélie. Whether it was ever performed or not, it is perhaps a shame that this version was not published. Gertrude's suicide might have been loosely inspired by Shakespeare, whose Gertrude inadvertently poisons herself with the wine left for Hamlet. Yet Ducis works the poisoned cup more fully into the poetic fabric of his play; as becomes clear, Gertrude hopes to bring events full circle by killing herself using the same poisoned cup she had used to murder her husband. Furthermore, the revelation of her suicidal plans suddenly complicates our appreciation of the already rich dramatic irony of her seemingly misplaced optimism.

The two published editions contain similar events and themes, but with a shift in emphasis. Although they start with Claudius's humiliation and frustration at the fact that Hamlet's coronation is still proceeding, despite all his political machinations, it soon becomes clear that Claudius still has the upper hand. Polonius assures Claudius of the loyalty of his soldiers and guards, and insists that his own agents will quell any dissent in the public. Claudius now reveals his new plan: to catch Hamlet unawares and strongarm him into signing a document confirming his abdication. If he refuses to sign, he will be assassinated and his death rewritten as a suicide for shame at murdering his own father. This plan is frustrated by the rumour Ophélie mentions that Hamlet has been secretly escorted out of his apartment and is enjoying the support of the commoners. When she realises Claudius's deadly designs, Ophélie begs for his mercy before being escorted away by his guards.

Polonius confirms this rumour when he now returns to the stage, adding that Hamlet's support is constantly growing. Yet Claudius has another trick up his sleeve, indeed 'une arme plus terrible et plus sûre' (v. 5. 194) than violence: slander. When Hamlet now bursts onto the stage, brandishing his father's urn and accusing Claudius of the murder, Claudius points out with impressive sangfroid to those present that all the evidence indicates Hamlet as the murderer, and to his melancholic symptoms being signs of his own guilty conscience. At this point, Gertrude appears onstage to reveal both that she was the murderer and that she has taken poison; she shortly dies at Hamlet's feet. In the meantime, Hamlet kills Claudius, whose body is carried offstage; Ophélie, we soon learn, collapses unconscious over his corpse. While he can no longer dream of marrying her, Hamlet's final speech insists that his men save her life in order to preserve his own.

Although these versions end similarly, these final acts are weighted quite differently in their overall focus. While the manuscript focuses far more on the female characters, and draws on Gertrude's preparations for her suicide at greater and more poignant length, the printed editions treat her more like a self-destructive *deus ex machina* who arrives onstage just in time to exculpate and rescue her son before dying of a poison she has only glancingly alluded to. Both plays, though, introduce ideas that will henceforth become fixtures in the play: the subplot of the murdered English king, Gertrude's death by suicide and that of Claudius at Hamlet's hand, and indeed Claudius's own political machinations.

The 1809 Edition

Although the Comédie Française would not stage *Hamlet* again until after his death, Ducis continued to work on it until nearly the end of his life. One of the main changes Ducis made was to further revise the play's political dimension to suit France's new post-Revolutionary sensibilities. While the recent versions had brought the populace onstage in their conclusions, in 1809 Ducis also democratises the political system of his fictional Denmark somewhat by amplifying the role of the governing council, which he had glancingly alluded to in the Gueffier edition. Yet he also tempers this newly democratic element by stressing the council's corruptibility alongside the power of propaganda and disinformation. Citing Hamlet's 'démence' as an insult to the Danish people (IV. 7; see Appendix A), Claudius has won the councillors' backing in his scheme to claim the throne for himself; he plans in an elaborate charade to feign modesty before the council before graciously bowing to public pressure and having Hamlet imprisoned for the rest of his life. As before, Claudius has also been sowing disinformation amongst the populace, claiming that Hamlet's madness is a sign of his own remorse at poisoning his own father. Claudius's disregard for the commoners is palpable in the maxims he utters about their credulity:

> Ces bruits sourds, dans le peuple avec art répétés,
> Par la haine aisément seront tous adoptés:
> Il concevra sans peine une action si noire;
> Plus les forfaits sont grands, plus il aime à les croire. (III. 2; see Appendix A)

In speeches like this, whatever distaste post-Revolutionary audiences might have had for Hamlet as king is thus overshadowed by — or even displaced onto —

condemnation of the usurper Claudius and his various allies: the councillors, noblemen, and soldiers who have been won over by propaganda and bribery.

Another change made in the 1809 version is to shift the English king subplot into Act III, thus shunting many later scenes along into the next act. As a result, the critically acclaimed 'urn scene' is now pushed into the very closing stages of Act V, producing a moment of emotional intensity shortly before a hasty climax. The stage is again stormed by two rival factions, this time headed by Norceste and by Claudius. When Claudius calls upon his soldiers to arrest Hamlet, Hamlet quickly stabs him, before daring the conspirators to strike him. Although Ducis again presents Claudius's swift defeat — as in 1770 — as a sign of divine justice, the motive underlying this justice has changed in accordance with post-Revolutionary values. It is now not the former king's rank that has enjoyed divine protection, but his innocence; as Hamlet exclaims: 'Ciel! que jamais en vain l'innocence n'implore, | Tu venges donc mon père!' (v. 8; see Appendix A). Although Hamlet's swift victory neutralises his enemies and seems to restore order, this apparent harmony is short-lived. Insisting that the dead king is not yet fully avenged, Gertrude suddenly kills herself — presumably with a knife — and in her dying words she tells her son that 'J'acquitte tes serments' and wishes him a happy reign (v. 8; see Appendix A). Ophélie, conversely, is not only kept offstage but is not even mentioned in this final scene, which focuses instead on Gertrude's death as the primary source of pathos.

The Final Editions

By the time of the final edition of Ducis's lifetime, that of 1815, the final scenes have changed again, although less radically.[59] After threatening his mother in the celebrated urn scene (again postponed to Act V), Hamlet leaves the stage. Elvire now returns, desperately telling her mistress to save Hamlet from Claudius's slanderous accusations of patricide, and his claims that his ghost has left its tomb 'Pour dénoncer au monde un fils dénaturé' (v. 7; see Appendix A). Although Gertrude is about to confess her crime and thus spare Hamlet's life, she does not this time get the chance to do so; instead, Hamlet returns to the stage, having somehow dispatched Claudius himself at the palace gates within the twelve lines he has been absent. As in other versions, Hamlet is accompanied by a large entourage including nobles, soldiers, and commoners. Testifying to his innocence, Hamlet displays to all his father's true remains — the 'cendre sacrée' that he has taken from the tomb 'Pour venger son trépas' (v. 8; see Appendix A). Norceste arrives, explaining that the political unrest outside is

---

[59] Although they bring in some new elements, the 1813 versions are not particularly worthy of comment; their Act V starts like the 1815 version before returning to the 1809 version for its closing scenes.

now over: a huge crowd of loyal subjects have seized Claudius's body and torn it apart, thus neutralising any threat that Claudius's remaining faction might have posed. Hamlet is summoned to greet his adoring crowd, but before he does so, Gertrude — in an almost word-for-word reprise of the 1809 version — steps in to admit her own guilt and take her own life.

Perhaps the most striking feature of this final version is its return to a more traditionally 'classical' aesthetic that downplays onstage violence. As an earlier review had suggested, there is something implausible about Hamlet's capacity to stab a man who is surrounded by bodyguards, and this implausibility is perhaps all the more striking when the death is presented before our eyes. In 1770, Ducis had used various techniques to accommodate this *invraisemblance*, stressing above all the support Hamlet received from both the Ghost and the heavens in his revenge. No doubt recognising that such appeals to the supernatural protection of kings were no longer to public taste, Ducis again hides Claudius's death from our sight. The sense of aesthetic and political stability is reinforced by the fact that, for the first time since 1770, the stage is filled not with two rival factions threatening violence but with a single group of those who have already been won over to Hamlet's cause. Although the ending is certainly more unified than other versions, the aesthetic decorum of Claudius's fate is somewhat undercut by the news of the unprecedented violence inflicted on his corpse.

Ducis died on 31 March 1816 after a brief but violent bout of influenza-like symptoms. It is of course purely a matter of conjecture whether he would have continued to revise *Hamlet* if he had lived longer, and it is still less clear what form the final version might have taken. A few conjectures are, however, defensible. For a start, his various rewritings between 1769 and 1815 show a general trajectory from experimentation to consolidation. In the earlier versions, and even until about 1809, Ducis often boldly introduced new possibilities, only to abandon them again in subsequent versions: these include Hamlet's marriage to Ophélie, Claudius's murder of Gertrude, the incriminating letter, the forced abdication, and so forth. By the nineteenth century, however, Ducis became, if not less experimental, then at least more inclined to stick with his innovations: the English king subplot, the 'mourir, dormir' monologue, Denmark's governing council, and so on. Indeed, the strong overlaps between the 1809, 1813, and 1815 versions suggest that his redrafts were converging on an ideal that would not have differed radically from the final version we have. On the other hand, since he continued revising the final scenes right up until the 1815 version, it is probably in these closing moments that any new changes would have been introduced.

Although it was the 1770 edition of the play that made the most cultural impact on France and on mainland Europe more generally, spawning translations and adaptations of its own, it is perhaps more helpful to think of Ducis's *Hamlet* not as a single play but rather as a work in progress. Indeed, just as the history of Shakespeare reception across Europe and beyond can offer illuminating insights into different nations' developing dramatic traditions, practices, and tastes, we can see how Ducis's rewritings of his own *Hamlet* can also flag up shifting aesthetic and political conceptions of tragedy within a single country, across a historical period indelibly marked by revolution and political turbulence.

Editions, Treatment of Base Text and Variants

Because of the various rewritings it underwent and the radical changes that its author made, Ducis's *Hamlet* poses various editorial challenges. Before explaining my editorial decisions, it will be helpful to list the principal editions and manuscripts used in this edition; each is introduced here by the shorthand reference used in the footnotes (date of publication or Comédie-Française manuscript number):

- 1770A: *Hamlet, tragédie, imitée de l'anglais* (Paris: Gogué, 1770), 68 pp.
  This is the first edition of the play, used here as the base text. This edition contains a few errata on the 'Acteurs' page, which I have tacitly corrected here.
- 1770B: *Hamlet, tragédie, imitée de l'anglais* (Paris: Gogué, 1770), 61 [62] pp.
- 1770C: *Hamlet, tragédie, imitée de l'anglais* (Paris: Gogué, 1770), 48 pp.
- 1771: *Hamlet, tragédie, imitée de l'anglais* (Brussels, Van den Berghen, 1771), 76 pp.
- 1776A: *Hamlet, tragédie, imitée de l'anglais, en cinq actes et en vers* (Paris: Gogué, 1776), 50 pp.
- 1776B: *Hamlet, tragédie, imitée de l'anglais, en cinq actes* (Paris: Ruault, 1776), 50 pp.
- 1778: *Hamlet, tragédie, imitée de l'anglais, en cinq actes et en vers, nouvelle édition* (Paris: Gogué, 1778), 56 pp.
- 1783: *Hamlet, tragédie, imitée de l'anglais, seconde édition* (Paris: Gueffier, 1783)
- 1807(?): *Hamlet, tragédie, conforme à la représentation* (Paris: Gueffier, [n. d.])
  This is a rare, undated version, consulted at the Birmingham Shakespeare Archive.
- 1808: *Hamlet, tragédie, imitée de l'anglais. Nouvelle édition, avec des changements considérables, un cinquième acte nouveau, et conforme au manuscrit de la Comédie Française* (Paris: les Librairies Associées, 1808)
  Closely resembles 1807(?), with better punctuation but missing a few lines of verse. Act v of this version provides the base text for Appendix D.

- 1809: *Hamlet, tragédie, imitée de l'anglais. Nouvelle édition, avec des changements considérables, un cinquième acte nouveau, et conforme au manuscrit de la Comédie Française* (Paris: les Librairies Associées, 1809)
  This is the base text of Appendix A, which starts at the point at which this edition departs from 1770 (Act II, Scene 3).
- 1813A: *Hamlet, tragédie en cinq actes, imitée de l'anglais, nouvelle édition, augmentée de variantes* (Paris: Nepveu, 1813)
- 1813B, *Hamlet, tragédie en cinq actes, imitée de l'anglais*, in *Œuvres de J.-F. Ducis*, 2 vols (Paris: Didot, 1813), I, 71–153
- *Hamlet, tragédie, imitée de l'anglais. Nouvelle édition, augmentée des variantes* (Paris: Nepveu, 1815)
  This is the final version of the play published in Ducis's lifetime. This is the base text for Appendix B, which starts at the point at which this edition branches off from 1809 (Act IV, Scene 5).

Alongside these published editions I have consulted two manuscripts:

- MS267: the Comédie-Française manuscript Arch. C.-F., MS267
  This is the original manuscript for the 1769 performance, and contains several variants apparently added during the play's first run. Appendix C contains the ending of Act IV and the whole of Act V from this version.
- MS265: the Comédie-Française manuscript Arch. C.-F., MS265
  This is an undated manuscript, broadly resembling the 1807(?) and 1808 editions but with a different Act V. The two main variants (Act III, Scene 7 and Act V) are contained in Appendices E and F respectively.

The 1770A base text is given line numbers throughout; line numbering in the appendices starts afresh with each new variant. As mentioned earlier, the nineteenth-century versions often recycle material from the 1770 edition, albeit sometimes in later acts. Since I did not want to send readers of these later version darting back and forth between variants and the base text, I have chosen to offer here the 1809 and 1815 variants in full, each time starting from the point of their departure from 1770A, even when this means repeating certain scenes at length. The 1807(?) and 1808 editions, however, mark a transition between the different versions and can be reconstructed by weaving in and out of the texts listed here:

- Act I: I. 1–5 (1770)
- Act II: II. 1–2 (1770); II. 3–5 (1809); III. 2–6 (1809)
- Act III: IV. 1 (1809); III. 1–5 (1770); IV. 7 (1809)
- Act IV: IV. 1–6 (1770)
- Act V: Appendix D

The C.-F. MS265 manuscript can be reconstructed thus:

- Act I: I. 1–5 (1770)
- Act II: II. 1–2 (1770); II. 3–5 (1809); III. 2–6 (1809)

- Act III: IV. 1 (1809); III. 1–5 (1770); IV. 7 (Appendix E)
- Act IV: IV. 1–6 (1770)
- Act V: Appendix F

Spelling has been modernised and typographical errors corrected throughout. Punctuation follows that of the base text but has also been tacitly amended where this conflicts jarringly with current usage; where possible I have used punctuation from other published editions. 'Guillemets' have been routinely inserted to indicate direct speech. Errors included in the 1770A text's errata have been tacitly corrected. Page layout and the use of stage directions have also been standardised; this has occasionally meant breaking a single line of verse over two or more lines in order to accommodate stage directions. All deletions from the manuscripts are indicated with strikethrough text, and subsequent additions with triangular brackets (< >).

Two further texts are also referenced in abbreviated form in the footnotes, according to the following system:

- LP: Pierre-Antoine de La Place, *Hamlet, Prince de Danemarc, tragédie traduite de l'anglois de Shakespeare*, in *Le Théâtre anglois*, 8 vols (London [Paris?]: [n. pub.], 1745–48), II (1746), pp. 295–416. References are given to act, scene, and page number.
- S: William Shakespeare, *Hamlet*, ed. by Ann Thompson and Neil Taylor (Arden Shakespeare, 2006). References are given to act, scene, and line number.

Since Ducis was working from La Place's version rather than directly from Shakespeare, quotations from La Place are generally given before the Shakespearean original in the footnotes here.

HAMLET,

TRAGÉDIE,

IMITÉE DE L'ANGLAIS;

PAR M. DUCIS.

Représentée pour la première fois par les Comédiens Français Ordinaires du Roi, le 30 septembre 1769.

Accablée d'une si cruelle perte, mon âme n'eut plus de force que pour la sentir; la voix de la nature gémissante étouffa les murmures de l'amour.
Nouvelle Héloïse[1]

Prix 30 sols.

À PARIS
Chez Gogué, Libraire, Quai des Augustins,
Près du Pont S. Michel

M. DCC. LXX.
Avec Approbation, et Privilège du Roi

---

[1] This quotation comes from Book III, letter 18, of Jean-Jacques Rousseau's *Julie ou la Nouvelle Héloïse* (1761). Here, Julie explains to her beloved Saint-Preux her sorrow at the loss of her mother, the Baronne d'Étange, whose discovery of the lovers' passionate correspondence has apparently hastened her death. The quotation thus draws an analogy between Julie's attempts to stifle her feelings for Saint-Preux and Hamlet's repression of his love for Ophélie in the name of restoring order.

À MONSIEUR
DE SARTINE,²
CONSEILLER D'ÉTAT,
LIEUTENANT GÉNÉRAL DE POLICE.³

Monsieur,

Le suffrage dont vous avez honoré cette tragédie avant qu'elle parût m'avait garanti l'indulgence avec laquelle le public a daigné la recevoir. Ce n'est pas que vous n'ayez très bien remarqué ses imperfections; mais la piété filiale dont j'ai tâché d'offrir un modèle dans le héros de ma pièce vous a paru si digne du théâtre que vous avez fait grâce à la faiblesse de mes talents en faveur du sentiment que j'ai osé peindre: aussi l'ai-je regardé, si j'ose me servir de ce terme, comme un sujet sacré qui aurait mérité un peintre beaucoup plus habile. Je sais, Monsieur, de quel œil vous voyez l'art dramatique, combien vous désirez que cet art donne aux hommes des leçons publiques de devoir et de vertu. Hé! qui pourrait le souhaiter plus ardemment qu'un magistrat qui remplissait avec éclat, dès sa jeunesse et dans un âge où le mérite même n'a pas encore droit à la réputation, les fonctions les plus saintes et les plus importantes de la magistrature? J'essayerais en vain, Monsieur, de faire sentir combien vos occupations si étendues, si multipliées, si nécessaires au prince et à l'État, sont au-dessus de tous nos faibles éloges. Je ne connais pour les actions qu'un orateur digne d'elles: ce sont elles-mêmes. Je ne répéterai point le cri de la capitale. Je me borne à vous offrir ce léger tribut de ma reconnaissance. C'est vous qui m'avez soutenu dans la carrière; c'est sous vos auspices que je vais tenter de nouveaux efforts: heureux si je puis justifier un jour les bontés dont vous m'honorez.

Je suis avec respect,

Monsieur,

Votre très humble
et très obéissant serviteur,
Ducis.

---

² Antoine Raymond Juan Gualbert Gabriel de Sartine, comte d'Alby (1717–1801): born in Barcelona, naturalised French in 1752. He became *lieutenant général de police* in 1759 and *conseiller d'état* in 1767.

³ Dedication included in 1770A, 1770B, 1770C, 1783, 1807(?).

AVERTISSEMENT.[4]

Je n'entends point l'anglais, et j'ai osé faire paraître Hamlet sur la scène française. Tout le monde connaît le mérite du *Théâtre anglais* de M. de La Place. C'est d'après cet ouvrage précieux à la littérature que j'ai entrepris de rendre une des plus singulières tragédies de Shakespeare. On verra ce que j'ai emprunté de ce poète si fécond, si pathétique et si terrible. On s'apercevra combien il était essentiel qu'un acteur célèbre, récemment admiré dans les rôles de Béverley et de Saint-Albin,[5] répandît sur celui d'Hamlet cette sensibilité touchante et cette vérité inimitable qui le caractérisent. Malgré ce que je dois à M. Molé, je ne paraîtrai suspect à personne en répétant ici, d'après tout le public, qu'il a été aussi frappant et aussi neuf dans les scènes sombres et terribles, que tendre et enchanteur dans les scènes de nature et de sentiment.

---

[4] Included in 1770A, 1770B, 1770C, 1783, 1807(?).
[5] *Béverley*: the title character of Bernard-Joseph Saurin's domestic tragedy *Béverley* (1768). *Saint-Albin*: the hero of Denis Diderot's sentimental comedy *Le Père de famille* (1758).

ACTEURS.[6]

HAMLET, roi de Danemark.
GERTRUDE, veuve du feu roi, mère d'Hamlet.
CLAUDIUS, premier prince du sang.
OPHÉLIE, fille de Claudius.
NORCESTE, seigneur danois.[11]
POLONIUS, autre seigneur danois.[13]
ELVIRE, confidente de Gertrude.[15]
VOLTIMAND, capitaine des gardes.[17]
GARDES.

M. Molé.[7]
Mlle Dumesnil.[8]
M. Brisard.[9]
Mlle Dubois.[10]
M. d'Auberval.[12]
M. Pin.[14]
Madame Molé.[16]

La scène est à Elseneur,[18] dans le palais des rois de Danemark.

[6] 1807(?), MS267: 'Personnages'. In 1770A, the list of 'Acteurs' precedes the dedication to M. de Sartine; I have transposed these for ease of reading. The cast list is included in 1770A, 1770B, 1770C, 1771, 1776A but omitted thereafter.

[7] François-René Molé (1734-1802), a prolific actor at the Comédie-Française. Diderot attributed the success of Ducis's play largely to Molé's performance: 'cet acteur rend un bon rôle excellent et d'un mauvais il en fait un passable' (Diderot, '*Hamlet*', p. 471).

[8] Marie-Françoise Marchand (1713-1803), noted for her performances of older women (Racine's Clytemnestre, Athalie, Agrippine; Voltaire's Mérope).

[9] Jean-Baptiste Britard, known as Brizard or Brisard (1721-91), one of Voltaire's favourite actors, noted for his roles of father figures such as Racine's Thésée, Joad, and Acomat, Corneille's Old Horace and Don Diègue, Voltaire's Lusignan, and Diderot's d'Orbesson.

[10] Marie-Madeline Blouin (1746-79), known for her roles as young women such as Corneille's Rodogune, Chimène, and Camille, and Racine's Andromaque.

[11] Ducis's invention. Michèle Willems suggests that Ducis invented this name to provide a rhyme with *funeste*; certainly, the Norceste/*funeste* rhyme occurs five times in the 1770 versions. See 'The Mouse and the Urn: Re-Visions of Shakespeare from Voltaire to Ducis', *Shakespeare Survey*, 60 (2007), pp. 214-22.

[12] Étienne Dominique Bercher d'Auberval (1725-1800), known as Dauberval; often given secondary roles (Corneille's le Comte, Valère, Néarque; Racine's Théramène, Phoenix, Arcas; various 'raisonneurs' in Molière's comedies).

[13] Ducis's transformation of Polonius into Claudius's primary confidant and co-conspirator might in part reflect La Place's rather dismissive attitude towards the verbose and rambling character we find in Shakespeare: Polonius's account of Hamlet's madness is 'très long, et très ennuyeux' (LP, II. 6, p. 325), and his conversation with Hamlet in Act II 'n'a rien d'intéressant' (LP, II. 7, p. 326).

[14] Louis-Jean Pin (1734-86), actor and director. His acting roles were primarily comic; he played parts such as Molière's Arnolphe, Orgon, and Harpagon.

[15] The confidante's strikingly non-Danish and non-Shakespearean name might reflect the (deliberate? unconscious?) influence of Corneille's *Le Cid*. For parallels with *Le Cid*, see Introduction, p. 10.

[16] Élisabeth Félicité Pinet, Madame Molé-Reymond (1759-1833), daughter of Molé.

[17] No details are given of the casting of Voltimand or the guards.

[18] Elsinor: Helsingør, a city in eastern Denmark. The castle in Shakespeare's and Ducis's plays is presumably Kronborg.

ACTE I.
SCÈNE PREMIÈRE.
CLAUDIUS, POLONIUS.

CLAUDIUS.
Oui, cher Polonius, tout mon parti n'aspire,
En détrônant Hamlet, qu'à me livrer[19] l'empire.
Ce prince, seul, farouche, à ses langueurs livré,
Aime à nourrir le fiel dont il est dévoré.
Norceste, dont surtout je craignais la présence, 5
Semble aider mes desseins par son heureuse absence,
En vain des bruits confus semés en cette cour
Dans les murs d'Elseneur annonçaient son retour.
Tu connais pour Hamlet tout l'excès de son zèle;
Je craignais, je l'avoue, un sujet si fidèle: 10
Mais enfin mes amis, prêts à s'armer pour moi,
Sans obstacle bientôt vont me nommer leur roi.

POLONIUS.
Je m'étais bien douté que leur valeur guerrière
Aux yeux de Claudius paraîtrait tout entière,
Et qu'en marchant sous lui l'espoir d'être vainqueurs 15
D'une ardeur aussi noble embraserait leurs cœurs.

CLAUDIUS.
Mes discours, dans l'instant, ont enflammé leur zèle:
« Amis, leur ai-je dit, quelle perte cruelle
« Vient d'essuyer[20] l'État dans la mort de son roi!
« Livré depuis ce temps à l'horreur, à l'effroi, 20
« Le Danemark troublé semble, avec la victoire,
« Pleurer sur son tombeau son bonheur et sa gloire.
« Combien, présente encore à notre souvenir,
« Sa mort nous menaça d'un funeste avenir!
« Le ciel, parlant soudain par la voix des orages, 25
« Étonna les esprits, et glaça nos courages:
« On eût dit que les vents, que les mers en courroux,
« À son dernier soupir s'élevaient contre nous. »[21]
Je leur rappelle alors la tempête effroyable
Qui signala du roi le trépas mémorable; 30

---

[19] 1813A, 1813B, 1815: 'm'assurer'.
[20] 1813A, 1813B, 1815: 'A ressenti'.
[21] Lines 25-28 omitted from 1809.

Je leur peins l'océan prêt à franchir ses bords,
Ses gouffres entrouverts jusqu'au séjour des morts;
Nos mers s'enveloppant de ténèbres profondes,
La foudre à longs sillons éclatant sur les ondes,
Dans le détroit du Sund[22] nos vaisseaux submergés, 35
Nos villes en tumulte, et nos champs ravagés;
Chez les Danois tremblants la terreur répandue;
Ceux-ci croyant des dieux voir la main suspendue;
Ceux-là, s'imaginant voir l'ombre de leur roi,
Fuyant avec des cris, ou glacés par l'effroi; 40
Comme si des enfers forçant la voûte obscure,[23]
Ce spectre à main armée[24] effrayait la nature;
Ou que les dieux, pour lui troublant les éléments,
Du monde épouvanté brisaient[25] les fondements.
À ces mots j'observais, empreints sur leurs visages, 45
De leur sombre frayeur d'assurés témoignages:
Tant sur l'esprit humain ont toujours de pouvoir
Les spectacles frappants qu'il ne peut concevoir.
J'ajoute donc: « je sais de quel sinistre augure
« Fut ce désordre affreux qui troubla la nature: 50
« Nos ennemis armés, leurs flottes, leurs soldats,
« Le Nord autour de nous respirant les combats;
« Tout nous instruit assez, par cette triste marque,
« Combien perdit l'État en perdant son monarque:
« Car enfin sa vertu, je le dois avouer, 55
« Moi-même, après sa mort, me force à le louer!
« Combien de lui pourtant j'ai souffert d'injustices!
« C'était peu d'oublier mes travaux, mes services;
« Le cruel, me portant les plus sensibles coups,
« Jusques[26] sur Ophélie étendit son courroux: 60
« Il voulut que ma fille, à l'oubli condamnée,
« Ne vît briller jamais les flambeaux d'hyménée,
« Jaloux d'anéantir dans ce cher rejeton
« L'unique et faible appui qui reste à ma maison.[27]

---

[22] Øresund, a strait between Denmark and Sweden.
[23] This image of hell opening might appear to be inspired by Hamlet's insistence that he will talk to the Ghost 'though hell itself should gape' (S, I. 2. 243); Shakespeare's image, however, is lost in La Place, who renders it as simply 'dussent les enfers s'y opposer' (LP, I. 6, p. 307).
[24] Coincidentally — since this goes unmentioned by La Place — Shakespeare's Ghost is likewise dressed in military armour.
[25] 1813A, 1813B, 1815: 'Eussent du monde entier brisé'.
[26] 1813A, 1813B, 1815: 'jusque'.
[27] Lines 25–64 cut from 1807(?), 1808, and 1809.

« J'approuve cependant les regrets qu'on lui donne; 65
« Mais quel est l'héritier qu'il laisse à la couronne?
« Un fils, un roi mourant, triste, morne, abattu,
« Faible,²⁸ et dont rien encor n'a prouvé la vertu,
« Qui loin des champs de Mars, dans ce palais tranquille,
« A caché jusqu'ici sa jeunesse inutile, 70
« Sans connaître ou chercher d'exploits plus glorieux
« Que d'honorer en paix ou sa mère ou ses dieux.²⁹
« Que dis-je? Sa raison souvent est éclipsée:
« Tantôt d'un seul objet occupant sa pensée,
« Immobile, interdit; tantôt, saisi d'horreur, 75
« De son calme effrayant il passe à la fureur.³⁰
« D'Hamlet dans cet état que devez-vous attendre?
« Autour de nous déjà voyez, pour nous surprendre,
« Tous nos voisins unis, à nous perdre excités,
« Sur ces bords malheureux fondre de tous côtés. 80
« Quelle main redoutable, aux combats aguerrie,
« De tant de bras armés soutiendra la furie?
« Et d'ailleurs que tenté-je en prétendant régner?
« J'exclus un faible roi qui ne peut gouverner,
« Une ombre, un vain fantôme inhabile à l'empire, 85
« Que consume l'ennui, que la mort va détruire,
« Et de qui le trépas, par les droits de mon sang,
« Me transmet la³¹ couronne, et m'élève à son rang. »
Je dis, et tout à coup ces illustres rebelles
Jurent entre mes mains de me rester fidèles: 90
Ils déclarent³² Hamlet déchu du rang des rois,
M'en donnent hautement et le titre et les droits;
Et je me flatte enfin que, dès ce jour peut-être,
Ces conjurés, ardents à me choisir pour maître,
M'immoleront leur prince, et m'oseront porter 95
Au trône d'où leurs bras vont le précipiter.³³

---

²⁸ MS267: 'Jeune'.
²⁹ This formulation, attested by each edition, curiously implies that Hamlet follows different gods from the other characters.
³⁰ Lines 73-76 cut from 1807(?), 1808, and 1809.
³¹ 1807(?), 1808, 1809: 'sa'.
³² 1807(?), 1808, 1809, 1813A, 1813B, 1815: 'Et, déclarant'.
³³ Lines 93-96 cut from 1809. 1807(?) and 1808 replace lines 93-99 with the following: 'D'ailleurs pour mes projets, d'un utile artifice | J'ai déjà su dans l'ombre employer le service: | Tu sais quels bruits heureux j'ai fait courir tout bas | Pour tourner contre Hamlet le peuple et les soldats, | Pour prêter à ses cris, à sa fureur extrême, | Des couleurs qui perdraient jusqu'à

POLONIUS.
Le temps est cher, Seigneur, vous savez que la reine,
Qu'enchaîne à trop de soins[34] la grandeur souveraine,
Pour partager leur poids, voudra bientôt en vous
Donner un successeur à son premier époux. 100
Sans doute elle attendait que notre antique usage
Eût des regrets publics borné le témoignage;
Et qu'enfin cet État, trop longtemps affligé,
Dans la nuit de son deuil cessât d'être plongé.[35]
Combien n'allez-vous pas exciter sa colère, 105
Si refusant l'honneur qu'elle prétend vous faire,
Vous armez contre vous son amour dédaigné?
Peut-être son esprit furieux, indigné,
D'un trop juste soupçon recevant la lumière,
Va de tous nos complots pénétrer le mystère. 110

CLAUDIUS.
Va, je prétends[36] bientôt, loin de vouloir l'aigrir,
Au-devant de ces nœuds m'aller moi-même offrir.

POLONIUS.
Vous, seigneur!

CLAUDIUS.
       C'est par là que ma prudente audace
De mes hardis projets doit lui cacher la trace:
Aussi bien j'ai cru voir, depuis la mort du roi, 115
Dans ses esprits troublés quelques marques d'effroi:
On dirait qu'à mes yeux elle craint de paraître.
Trop prompt à la juger, je m'abuse peut-être;
C'est à moi, s'il le faut, d'employer en ce jour
Tout ce qu'a la souplesse et d'art et de détour.[37] 120
Docile à tous ses vœux, jusqu'à l'instant propice,
Je retiendrai ses pas au bord du précipice;
Aucun de ses secrets ne pourra m'échapper:
Son cœur, faible et crédule, est facile à tromper.[38]

---

    la vertu même. | Ces bruits sourds et cachés, ces germes tout-puissants, | Me donneront leurs fruits, quand il en sera temps.
    POLONIUS. Peut-être qu'à ces bruits, qui se font toujours croire, | Plus qu'à tous vos soldats vous devez la victoire. | Mais quels sont vos desseins ? la reine veut en vous'.

[34] MS267: 'Qu'accable de ses soins'.
[35] Lines 101–04 pasted in to MS267; cut from 1809, 1815.
[36] 1815: 'Mais je prétends'.
[37] 1770A, 1770B, 1770C, 1808: 'retour'. I have corrected this in line with later editions.
[38] 1809 omits lines 117–24; 1807(?) and 1808 omit only 121–24.

Mais t'avouerai-je,[39] ami, ce qui trouble mon âme, 125
Ce ne sont point ces mers, ces foudres, cette flamme,
Ce frappant appareil du céleste pouvoir,
Ni ce spectre effrayant qu'un vain peuple a cru voir.
Penses-tu que des dieux l'éternelle puissance
Daigne aux jours d'un mortel mettre tant d'importance, 130
Et que leur paix profonde interrompe sa loi
Pour la douleur d'un peuple, ou le trépas d'un roi?
Auteur, le croirais-tu, de ma terreur secrète,
Hamlet, presque mourant, m'alarme, et m'inquiète.
Pourquoi tant de douleur, cet air sombre,[40] éperdu, 135
Et son couronnement jusqu'ici suspendu?
Qui l'anime? Est-ce haine, amour, crainte, espérance?
S'il préparait de loin quelque affreuse vengeance!
D'où naît ce long chagrin dont il est dévoré?[41]
Toi-même dans son cœur n'as-tu point pénétré? 140
Quel est donc ce secret qu'il s'obstine à nous taire?[42]

POLONIUS.
Je tenterais en vain d'expliquer ce mystère.
Mais des langueurs d'Hamlet si je sais bien juger,
N'y voyez point, seigneur, un ennui passager.
Je connais trop cette âme et profonde et sensible: 145
Il cache un cœur de feu sous un dehors paisible;
Et tous ses sentiments, avec lenteur formés,
S'y gravent en silence, à jamais imprimés.
Je l'ai vu quelquefois, dans sa mélancolie,
Fixer d'un œil mourant la charmante Ophélie;[43] 150
Ou tantôt vers le ciel, muet dans ses douleurs,
Lever de longs regards obscurcis par ses pleurs:
J'y remarquais, empreint sous leur sombre lumière,
Des grandes passions le frappant caractère.
Ne vous y trompez pas; ses pareils outragés 155
Ne s'apaisent jamais que quand ils sont vengés.
D'ailleurs, si j'ai bien lu dans les cœurs[44] du vulgaire,
Hamlet, n'en doutez pas, n'a que trop su leur plaire,

---

[39] Pronounced (and in 1813A, 1813B, 1815 written) as 't'avoûrai-je' for the scansion.
[40] La Place's Gertrude also speaks of Hamlet's 'air sombre' (LP, I. 4, p. 303); cf. 'nighted colour' (S, I. 2. 68).
[41] 1807(?), 1808, 1809, 1813A, 1813B, 1815 replace lines 135–39 with the single line 'Par lui quelque projet contre moi préparé…'.
[42] 1808, 1809, 1813, 1815: 'Il a quelque secret qu'il s'obstine à nous taire'.
[43] 1813A, 1813B, 1815: 'Fixer un œil mourant sur la jeune Ophélie'.
[44] 1813A, 1813B, 1815: 'le cœur'.

« Ô combien, disent-ils, un roi si généreux
« Aurait, par ses vertus, rendu son peuple heureux! 160
« Bon, juste, courageux, aux seuls méchants sévère,
« Hélas! nous aurions cru vivre encor sous son père. »[45]
Hâtons-nous, croyez-moi, d'accomplir nos desseins;
La lenteur est surtout le péril que je crains.
Je vais voir nos amis, affermir leur courage; 165
Et, le moment venu d'achever notre ouvrage,
N'oublions pas, hardis à tout sacrifier,
Que c'est au succès seul à nous justifier.

CLAUDIUS.
J'entends du bruit; on vient. Laisse-moi; c'est la reine:
J'ignore en ce moment le motif qui l'amène; 170
Mais ne t'éloigne point. Par moi bientôt ici
De tout cet entretien tu seras éclairci.

SCÈNE II.
GERTRUDE, CLAUDIUS.[46]

CLAUDIUS.
Voici le jour, madame, où, libre de contrainte,
Mon amour, plus hardi, peut s'exprimer sans crainte.
Je sais que jusqu'ici, sans l'appui d'un époux, 175
Tout l'État avec gloire a reposé sur vous.
Tant qu'a duré la paix, vos soins, votre tendresse,
Pouvaient d'un fils mourant nous cacher la faiblesse:
Mais la guerre, madame, est prête à s'allumer:
Le soldat veut un chef; vous devez le nommer. 180
Si je brigue un honneur dont vous êtes l'arbitre,
C'est à vous, par l'hymen, d'y joindre un autre titre;
Et ses flambeaux tout prêts vont briller pour nous deux,
Si cet espoir flatteur n'a point trompé mes vœux.

GERTRUDE.
Je l'avouerai,[47] seigneur, j'ai cru que la prudence 185
Contiendrait mieux l'ardeur de votre impatience:

---

[45] La Place claims that Claudius 'craint le peuple, dont ce prince est adoré' (LP, IV. 3, p. 362); cf. Claudius's claim that Hamlet is 'loved of the distracted multitude' (S, IV. 3. 4). Claudius later remarks on 'l'attachement aveugle du peuple pour ce prince' (LP, IV. 16, p. 375-76); cf. 'the great love the general gender bear him' (S, IV. 7. 19).

[46] 1809, 1813A, 1813B, 1815: 'CLAUDIUS, GERTRUDE, GARDES'.

[47] MS265, 1807(?), 1813A, 1813B, 1815: 'avoûrai'.

Quand tout respire encor la tristesse et l'effroi,
Quand le peuple gémit du trépas de son roi,
Quand sa cendre, à nos yeux, dans une urne amassée,
Dans la nuit des tombeaux à peine est déposée,[48]   190
Irons-nous, de l'État outrageant le malheur,[49]
Par des feux indiscrets irriter sa douleur?
Songez sous quel auspice un semblable hyménée
À votre sort, seigneur, joindrait ma destinée;
Et n'autorisons point, par trop d'empressements,   195
Des cœurs nés soupçonneux les secrets jugements.

CLAUDIUS.
Hé![50] madame, est-ce à nous à craindre le vulgaire?
Espérez-vous qu'enfin le censeur téméraire
Des actions des rois ne soit plus occupé?
De vos raisons, sans doute, il peut être frappé;   200
Mais, dans l'ordre éclatant de nos hautes fortunes,
Nous vivons peu soumis à ces règles communes.
L'intérêt de l'État, sacré dans tous les temps,
Seul, de ces grands hymens doit fixer les instants.
Ne m'alléguez donc plus un prétexte frivole: 205
J'ai pour vous épouser reçu votre parole:
Sur elle j'ai fondé mon espoir, mon bonheur;
La dégagerez-vous? Prononcez…

GERTRUDE.
                                Non, seigneur.
Il est temps, je le vois, de déposer la feinte,
Et je vais vous parler sans détour et sans crainte.   210
Vous savez à quel prix j'ai cru vous acquérir;
Le crime est assez grand pour nous en souvenir.
Toujours depuis ce temps son horreur retracée,
Ainsi qu'un songe affreux, a rempli ma pensée;
Car ne présumez pas que, brûlant à mon tour,   215
Je me sois occupée ou d'hymen, ou d'amour.
Périsse de nos feux la mémoire funeste!

---

[48] MS267 has, in place of lines 187–90: 'Cet état que convient la tristesse et le deuil, | Un roi nouvellement plongé dans le cercueil, | Sa cendre, sous nos yeux dans une urne amassée, | Dans la nuit des tombeaux à peine déposée; | Ces pleurs, ces chants plaintifs, ces lugubres apprêts, | Dont la pompe au ciel même annonçait nos regrets, | À ces objets de mort, comment, sous quel présage, | D'un hymen fastueux mêler la douce image?'.
[49] MS267: 'Irions Pourrions-nous, de l'état outrageant oubliant le malheur'.
[50] 1815: 'Eh, madame'.

Seul bien des criminels, le repentir nous reste.[51]
Il en est temps encor, fléchissons, croyez-moi,
Sous l'ascendant sacré d'un légitime effroi.
Du pouvoir qui nous parle il est l'organe auguste;
Je tremble, j'en fais gloire, et sans doute il est juste
Que le ciel, qui nous met au-dessus de nos lois,
Arme au moins les remords pour se venger des rois.

CLAUDIUS.
Si, malgré les terreurs dont votre âme est blessée,
Je puis, sans vous déplaire, expliquer ma pensée;
Ce crime dont encor nous gémissons tous deux,
Rappelez-vous les temps, paraîtra moins affreux.
Madame, oubliez-vous quel traitement sévère
De mes nombreux exploits fut l'indigne salaire?
Qu'ai-je reçu du roi pour mes travaux guerriers?
Avec crainte en ces murs apportant mes lauriers,
Je tremblais qu'il osât,[52] même après ma victoire,
Quand je sauvais l'État, me punir de ma gloire.
Déjà ses[53] noirs soupçons s'étaient fixés sur nous,
Déjà, cachant sa haine, il préparait ses coups:
Qui sait jusqu'où sa rage à chaque instant aigrie,
Eût bientôt sur vous-même étendu sa furie?[54]
Vous l'avez craint cent fois: triste, inquiet, jaloux,
Le cruel…

GERTRUDE.
              Arrêtez: il était mon époux.
Il est juste qu'au moins nous lui laissions sa gloire.
Et quel reproche encor ferais-je à sa mémoire?
De la mort d'un mari[55] rien ne peut m'excuser:

---

[51] Shakespeare's repentant Claudius reflects on the same idea, but realises that he cannot be forgiven his crimes because he is still profiting from his victim's death: 'Jamais le repentir peut-il être parfait, | Quand le pécheur jouit du crime de son forfait?' (LP, III. 17, p. 349); cf. '"Forgive me my foul murder"? | That cannot be, since I am still possessed | Of those effects for which I did the murder' (S, III. 3. 52–54). In Ducis's version, where the old king's death does not pass the crown immediately on to Claudius, the sentiment is more appropriate.
[52] 1813A, 1813B, 1815: 'n'osât'.
[53] 1808, 1809: 'les'; 1813A, 1813B, 1815: 'de'.
[54] 1807(?): 'Qui sait si dans sa rage, à chaque instant aigrie, | Il n'eût pas sur vous-même étendu sa furie'. 1813A, 1813B, 1815: 'Qui sait, qui sait enfin si sa sombre furie, | Eût, en tranchant mes jours, respecté votre vie?'.
[55] 1813A, 1813B, 1815: 'De sa mort, Claudius,'.

C'est à nous[56] de frémir, et non de l'accuser.
Si l'amour m'aveugla, le repentir m'éclaire.   245
Des nœuds sacrés d'époux effet involontaire!
Des jours du mien à peine ai-je éteint le flambeau,
Que, pour le ranimer, j'eusse ouvert mon tombeau.
Croyez-m'en, je suis femme, et la plus intrépide
Hésiterait longtemps avant son parricide,   250
Si son cœur prévoyait, prêt à l'exécuter,
Ce qu'un pareil forfait doit un jour lui coûter.
Je vous fais voir, seigneur, mon âme toute nue;
Son crime la poursuit, les remords l'ont vaincue.
Voilà ce que je suis; et quand je tremble, hélas!   255
Ma fausse fermeté ne vous trompera pas.[57]
L'aveugle ambition ne m'a jamais séduite:
Si la soif de régner eût réglé ma conduite,
Qui m'aurait empêché,[58] dès que j'aurais voulu,
D'usurper sur mon fils le pouvoir absolu?   260
Peut-être une autre femme, et plus grande et plus fière,
Voudrait du Danemark reculer la barrière,[59]
Et du Nord étonné se faisant applaudir,
Par des exploits pompeux chercher à s'étourdir.
Je n'ose point prétendre à ce comble de gloire;   265
Je connais ma faiblesse, et je ne saurais croire,
Quand les dieux vont frapper, que l'encens des humains
Éteigne à notre gré la vengeance en leurs mains.[60]
Je n'ai plus qu'un projet, il faut que je l'explique;
C'est de rendre à mon fils son pouvoir despotique,[61]   270
De l'affranchir enfin de son pénible ennui,
De veiller cependant[62] sur son peuple et sur lui,
De nourrir dans mon sein le remords que j'endure,
De mériter encor de sentir la nature,
De vous plaindre surtout. Après cela jugez   275

---

[56] 1813A, 1813B, 1815: 'vous'.
[57] Lines 253-56 cut from 1807(?), 1808, 1809.
[58] 1813A, 1813B, 1815: 'Eût-on pu m'empêcher'.
[59] 1813A, 1813B, 1815: 'Voudrait, du Danemark reculant la barrière,'. The reference to a 'great and proud lady' might have struck Ducis's contemporaries as an allusion to Catherine the Great, under whose rule Russia would enjoy various military successes in the Russo-Turkish Wars of 1768-74 and of 1787-94.
[60] Lines 265-68 cut from 1807(?), 1808, 1809, 1813A, 1813B, 1815.
[61] 1813A, 1813B, 1815: 'Je n'ai plus qu'un projet: seigneur, devant vous-même, | Voir couronner un prince, un fils que j'aime'.
[62] 1813A, 1813B, 1815: 'par mes soins'.

Si nos cœurs par l'hymen doivent être engagés.
Le soupçon, je le sais, règne entre des complices;
De ces ménagements je hais les artifices;
Et dans ma crainte au moins je prétends en ces lieux
N'avoir plus qu'à trembler sous le courroux des dieux. 280

CLAUDIUS.
De ces justes remords loin de blâmer l'empire,
J'admire vos desseins et voudrais y souscrire;
Mais, madame, est-il temps de couronner un fils?
Songez quelle langueur accable ses esprits:
Peut-il de ses devoirs porter le poids immense? 285
Craindra-t-on dans ses mains la suprême puissance?
Et si partout enfin le murmure ou l'aigreur
Jusqu'à désobéir...

GERTRUDE.
                    Qui l'osera, seigneur?
Près du trône placé, l'État, qui vous contemple,
De la fidélité prendra de vous l'exemple. 290
Ou, si quelque sujet osait s'en affranchir,
Je saurai, quel qu'il soit, le contraindre à fléchir.

CLAUDIUS.
Mais enfin...

GERTRUDE.
              C'est assez: bientôt mon fils peut-être
À vos yeux, comme aux miens, va se montrer en maître;
J'espère que ces dieux qui lisent dans mon cœur 295
Vont calmer ses tourments, vont finir sa langueur.
Quand par un crime affreux je l'ai privé d'un père,
Il est bien juste au moins qu'il retrouve une mère.
     (*Un garde paraît.*)
Garde, à Polonius annoncez à l'instant
Pour lui parler ici que[63] la reine ici l'attend. 300
     (*Le garde sort.*)
Allez:
     (*À Claudius.*)
et vous, seigneur, connaissez par vous-même
À quel point[64] je chéris l'éclat du diadème.

---

[63] 1813A, 1813B, 1815: 'Que pour l'entretenir'.
[64] 1813A, 1813B, 1815: 'prix'.

SCÈNE III.
GERTRUDE, CLAUDIUS, POLONIUS.[65]

GERTRUDE, *continuant*.[66]
Venez, Polonius, je veux, dans ce grand jour,
Voir couronner mon fils sous les yeux de sa[67] cour;
Que tout dès ce moment se dispose, s'apprête: 305
  (*À Claudius.*)[67]
Et vous, que je retiens pour cette illustre fête,
Ne croyez pas, seigneur, que pour blesser vos yeux
J'affecte d'étaler un spectacle odieux.
L'amour seul, je le sais, a produit notre crime.
Si de ses maux enfin mon fils est la victime,   310
Je recevrai vos lois;[69] son sujet aujourd'hui,
C'est à vous, sans murmure, à dépendre de lui.
Prouvez-moi vos remords lui restant fidèle:
Songez que, si jamais quelque vertu nouvelle
Sur la bonté des dieux peut vous donner des droits,   315
C'est ce soin généreux de défendre vos rois.
Allez, que l'on me laisse.

SCÈNE IV.
GERTRUDE, *SEULE*.

           Enfin donc détrompée,
Du seul bonheur d'un fils je vais être occupée.
Ah! si mon cœur, toujours de ses devoirs jaloux,
N'eût jamais éprouvé que des transports si doux!   320
Si toujours sur un fils ma tendresse attentive…

---

[65] MS265, 1809, 1813A, 1813B, 1815: 'CLAUDIUS, GERTRUDE, POLONIUS'.
[66] MS265, 1807(?): 'GERTRUDE, *continuant*.'.
[67] 1813A, 1813B, 1815: 'la'.
[68] 1813A, 1813B, 1815: '(*Polonius sort.*)'.
[69] Lines 310-11 took a different form in MS267: 'Si mon fils de ses maux ait été la victime, | J'aurai reçu vos lois'.

SCÈNE V.
GERTRUDE, ELVIRE.

ELVIRE.
Dans ce moment, madame, ici Norceste arrive:[70]
On sait qu'avec le Prince une tendre amitié,
Dès ses plus jeunes ans pour jamais l'a lié;
Et nous espérons tous que cette confiance, 325
Lui méritait du roi l'auguste confidence,
Il saura de ses maux, dans leurs secrets discours,
Reconnaître la cause, et suspendre leur cours.

GERTRUDE.
Près de mon fils déjà s'est-il fait introduire?

ELVIRE.
Voltimand jusqu'ici n'ose encor l'y conduire. 330
Le prince semble fuir les regards des mortels.
Puissent finir hélas! des ennuis si cruels!

GERTRUDE.
Ah! j'entrevois, Elvire, un rayon d'espérance.
Mon fils chérit Norceste, employons sa prudence;
Heureuse si je puis savoir, par son secours, 335
D'où naît l'ennui profond qui consume ses jours.

FIN DU PREMIER ACTE.

---

[70] MS265, 1807(?), 1808, 1809, 1813, 1815 replace the rest of the scene (lines 323–36) with the following:

'GERTRUDE. Norceste! ah! chère Elvire, est-il vrai qu'en ce jour | Ce prince vertueux revienne en notre cour? | Quel motif l'a sitôt ramené d'Angleterre? | Que sa présence, Elvire, a droit de m'être chère!

ELVIRE. Au prince votre fils la plus tendre amitié, | Même avant son départ, l'avait déjà lié. | Jeune et né vertueux, Norceste eut pour lui plaire | Et les rapports de l'âge et ceux du caractère. | Vous ne l'ignorez pas: dans plus d'un entretien | Le cœur de votre fils s'épancha dans le sien. | Norceste n'aura pas perdu sa confiance. | Et nous espérons tous que, malgré son absence, | Votre fils, qui l'aimait, voudra bien l'informer | De ce chagrin fatal qui vous doit alarmer.

GERTRUDE. Tu le crois?

ELVIRE. Et pourquoi craindrais-je le contraire?

GERTRUDE. Ah! l'espoir ne meurt pas dans le cœur d'une mère. | Mais si mon fils périt sans lui rien découvrir, | Sur son cercueil, hélas! je n'ai plus qu'à mourir.
FIN DU PREMIER ACTE.'

ACTE II.
SCÈNE PREMIÈRE.[71]
GERTRUDE, ELVIRE.[72]

ELVIRE.
Expliquez-vous enfin; c'est trop vous en défendre;
Avez-vous des secrets que je ne puisse apprendre?
Madame…

GERTRUDE.
          Ah! laisse-moi.

ELVIRE.
                    Mais songez, dans ce jour,
Que vous devez paraître aux yeux de votre cour;   340
Que ce couronnement dont la pompe s'apprête…

GERTRUDE.
Et de quel œil, dis-moi, verrai-je cette fête?
Hélas! ce triste cœur, de mon fils occupé,
D'une pareille horreur ne fut jamais frappé!
À quel trouble mortel mon esprit s'abandonne!   345

ELVIRE.
Ce n'est pas d'aujourd'hui que ce trouble m'étonne.

GERTRUDE.
Quoi! Tu l'as remarqué? Comment? Explique-toi.

ELVIRE.
Puisse-t-il n'avoir pas d'autre témoin que moi!

GERTRUDE.
Qu'ai-je fait? Qu'ai-je dit? Réponds-moi, chère Elvire.

ELVIRE.
De ce mystère affreux dois-je, hélas! vous instruire?   350

---

[71] In MS267, the two halves of Act II are reversed; the act starts with Voltimand meeting Norceste (1770A's II. 3) and then brings in Gertrude's confession later (1770A's II. 1). The *Lettre d'un jeune homme* suggests that parts of Gertrude's confession in this scene might have been cut in early performances: 'C'est dans ce second acte que vous avez retranché, si je ne me trompe, la confidence que fait la reine de son crime à sa suivante…' (*Lettre*, p. 20). Diderot also suggests that Gertrude's speech in Act V only repeats the same information (Diderot, '*Hamlet*', p. 474).

[72] MS265, 1807(?): 'GERTRUDE, ELVIRE'.

GERTRUDE.
C'en est trop. Qu'as-tu vu?

ELVIRE.
                           Madame, votre sein
N'aurait jamais conçu de coupable dessein?

GERTRUDE.
Ah! de ce doute horrible il est temps que je sorte;
Parle enfin, je le veux.

ELVIRE.
                    Vous frémirez.⁷³

GERTRUDE.
                                    N'importe.

ELVIRE.
C'est vous qui m'y forcez.

GERTRUDE.
                        Je l'ordonne, obéis.   355

ELVIRE.
Par un trépas fatal quand le roi fut surpris,
Vous voulûtes, madame, écartant tout le monde,
Exhaler sans témoin votre douleur profonde.
J'en redoutai pour vous les premiers mouvements;
J'osai vous observer dans ces cruels moments.   360
Que vis-je, juste ciel! De soudaines alarmes,
D'effroyables transports se mêlaient à vos larmes;
Un grand remords semblait égarer vos esprits;
Vous appeliez la mort avec d'horribles cris.⁷⁴
Ai-je pu, disiez-vous, sur un roi, sur mon maître...   365

GERTRUDE.
J'ai parlé!

ELVIRE.
         Dans vos sens quel trouble vient de naître?
Vous frémissez.

---

⁷³ 1813A, 1813B, 1815: 'Vous frémissez' (possibly via confusion with line 367 below). Gertrude's confession, and the broken verses that precede it, clearly echo Phèdre's confession of her love for Hippolyte in Racine's *Phèdre* (I. 4. 259–64).
⁷⁴ In MS265, the ordering of lines 363 and 364 is reversed.

GERTRUDE.
             Je meurs.

ELVIRE.
                    Qu'ai-je dit?

GERTRUDE.
                         Laisse-moi.

ELVIRE.
Quoi! C'est vous dont les mains…

GERTRUDE.
                    Ont fait périr ton roi.

ELVIRE.
Votre époux! vous! grands dieux!

GERTRUDE.
                  N'approche pas, Elvire,
Fuis mon aspect fatal, crains l'air que je respire.   370
Fuis, dis-je.

ELVIRE.
       Ô perfidie! ô détestable cour!
Quel monstre à ce forfait vous a conduit?⁷⁵

GERTRUDE.
                    L'amour.
Écoute, et plût au ciel, puisqu'il faut te l'apprendre,
Que tout mon sexe ici fût présent pour m'entendre!⁷⁶
Je ne te dirai point qu'un fatal ascendant   375
M'entraîna par degrés vers un forfait si grand.
Loin de moi toute excuse injuste, illégitime.
Va, le cœur des mortels n'est point fait pour le crime;
Et, dès qu'il est coupable, il n'a pour se juger
Qu'à descendre en lui-même, et qu'à s'interroger.   380
Tu t'en souviens encor. Tranquille et sans alarmes,
D'un hymen vertueux je goûtais tous les charmes.

---

⁷⁵ 1813A, 1813B, 1815: 'vous conduisit'.
⁷⁶ MS265, 1807(?), 1808, 1809, 1813, 1815 add the following lines, which reflect the post-Revolutionary period's increased scepticism towards 'reason of state': 'Dès nos plus jeunes ans, hélas! le ciel voulut, | En voyant Claudius que Claudius me plût. | Nous cachions avec soin notre ardeur mutuelle. | L'intérêt de l'état, nécessité cruelle, | Troubla nos premiers feux, et me fit une loi | De mon obéissance et de l'hymen du roi: | Je formai cet hymen, chaîne auguste et sacrée, | Que devait rompre un jour son épouse égarée.'

Je devais toujours fuir: je revis mon vainqueur;
Claudius dès l'instant régna seul dans mon cœur.
Dans ce palais bientôt éclata sa disgrâce, 385
D'un reste de devoir le dépit prit la place;
Je plaignis mon amant, j'approuvai son courroux;
Je crus pouvoir sans crime abhorrer mon époux.
« Eh quoi! me suis-je dit, sa cruelle prudence
« Va donc sur ce que j'aime achever sa vengeance. » 390
Pour prévenir ce coup tout me parut permis;
Le roi, dans ces moments, à mes soins seuls remis,
Empruntait le secours de ces puissants breuvages
Dont un art bienfaisant montra les avantages.
Habile à m'aveugler, mon complice inhumain 395
D'une coupe perfide arma ma faible main.
J'entrai chez mon époux: étonnée à sa vue,
Je cachai quelque temps ma terreur imprévue:
Mais, soit qu'en le voyant pour la dernière fois
Mon cœur de la pitié connût encor la voix; 400
Soit que, prête à commettre un si grand parricide,
La nature en secret malgré nous s'intimide,
En vain je rappelai mon courage interdit,
Tout mon sang se glaça, ma raison se perdit.
Sans pouvoir accomplir ni déclarer mon crime, 405
Je déposai la coupe auprès de ma victime.
Je sortis. Le remords, tout à coup m'éclairant,
Peignit à mes esprits mon époux expirant.
Ma cruelle raison, dont je repris l'usage,
De mon forfait entier m'offrit l'affreuse image. 410
Craignant alors, craignant que le roi, sans soupçon,
N'eût déjà dans son sein fait couler le poison;
Je revolai vers lui; je courais, éperdue,
Briser la coupe impie à mes pieds répandue,
Ou peut-être, d'un trait l'épuisant à ses yeux, 415
Apaiser par ma mort la nature et les cieux:
J'entrai; pour me punir, ce ciel impitoyable
Avait déjà rendu mon crime irréparable,
Trop jaloux de ravir à ce cœur déchiré
Le fruit du repentir qu'il m'avait inspiré. 420

ELVIRE.
Ô ciel!

GERTRUDE.
    Dans ma terreur je pris soudain la fuite;
Je rejetai d'abord une importune suite:
Dans mon appartement, seule avec mes remords,
Je croyais sans témoins céder à mes transports;
Mes sanglots, mes discours t'en ont appris la cause;   425
Mon cœur d'un tel secret sur ta foi se repose.
Je n'en murmure point; j'accepte, je le doi,[77]
Le supplice nouveau de rougir devant toi.
Hélas! depuis l'instant qui me fit parricide,
J'ai toujours devant moi vu la coupe homicide.   430
Elvire, eh! quel bonheur puis-je encore espérer,
Quand mon fils sous mes yeux est tout près[78] d'expirer?[79]
Plus d'époux, plus de fils. De mon hymen funeste
L'horreur d'un parricide est le fruit qui me reste.
Et la nature exprès, pour mieux percer mon cœur,   435
Jusqu'en mon propre sein s'est cherché son vengeur.

ELVIRE.
Ce fils respire encor;[80] c'est à vous de connaître
De quel sujet caché ses douleurs ont pu naître.
Rien d'un si juste soin ne peut vous dispenser;
Car je ne croirai pas que, prompte à l'épouser,   440
Claudius…

GERTRUDE.
    Nous, grands dieux! que l'hymen nous unisse!
Que du soleil pour moi le flambeau s'obscurcisse,
Avant qu'un nœud si saint puisse assembler jamais
Deux cœurs infortunés, unis par leurs forfaits!
Ce qui me plaît, Elvire, en mon trouble funeste,   445
C'est de sentir au moins combien je me déteste.
Je voudrais quelquefois, dans mes justes transports,
À l'univers entier déclarer mes remords.
Il semble à ma douleur qu'un aveu si terrible
Rendrait des dieux pour moi le courroux plus flexible.   450
Ah! si ces dieux vengeurs, me dérobant leur bras,

---

[77] *Sic*, for the visual rhyme.
[78] 1770C, 1771, 1776A, 1776B, 1807(?), 1808: 'prêt'.
[79] MS267 contains, after this line: 'Lorsqu'atteint sans retour d'un chagrin qu'on ignore. | Il cède entre mes bras au mal qui le dévore. | En veillant sur ses jours, je m'efforçais du moins | À tromper mes remords par de si tendres soins.'.
[80] 1770C: 'encore'.

Avaient, dès ce jour même, ordonné mon trépas!
Si par la main du fils ils punissaient la mère!
S'ils voulaient d'un exemple épouvanter la terre!...
Moi, je craindrais, ô ciel! de voir contre mon flanc 455
S'armer mon propre ouvrage et les fruits[81] de mon sang!
Mais que dis-tu, barbare, et quel est ton murmure!
N'as-tu pas la première étouffé la nature?
Ta rage à ton époux osa ravir le jour;
Crains ton fils, malheureuse, et frémis à ton tour.[82] 460

ELVIRE.
Ah! dissipez, madame, une crainte funeste...
Vous connaîtrez bientôt... Mais j'aperçois Norceste.

SCÈNE II.
GERTRUDE, NORCESTE, ELVIRE.[83]

GERTRUDE, *allant à Norceste.*
Ah! Seigneur, c'est à vous qu'une mère a recours,
Mon fils dans sa langueur va terminer ses jours;
Tâchez de ses chagrins[84] de pénétrer la cause: 465
C'est sur vous, sur vos soins, que mon cœur s'en repose.
Peut-être que le sien, toujours fermé pour nous,
Vaincu par l'amitié, s'ouvrira devant vous.
De vos succès bientôt je reviendrai m'instruire.
Il s'agit de mon fils, de moi, de tout l'empire, 470
De votre ami surtout. C'est de vous seul, seigneur,
Que dépend désormais ma vie et mon bonheur.

NORCESTE.
Je vais le voir, Madame, et remplir avec zèle
Les devoirs d'un sujet et d'un ami fidèle.[85]
  (*Gertrude et Elvire sortent.*)[86]

---

[81] 1778: 'le fruit'.
[82] In MS267, this scene is followed by Ophélie's entrance (line 649 in this edition).
[83] 1813A, 1813B, 1815: 'ELVIRE, GERTRUDE, NORCESTE'.
[84] 1815: 'De ses chagrins tâchez'.
[85] 1807(?), 1808, 1809, 1813A, 1813B, 1815 replace lines 473–74 with: 'Je voudrais vous servir: ah! puisse-t-il, madame, | M'instruire du chagrin qu'il renferme en son âme!'.
[86] This is the point at which the nineteenth-century versions diverge from the base text. To continue reading these, turn to Appendix B.

SCÈNE III.[87]
NORCESTE, VOLTIMAND.

VOLTIMAND.
N'avancez pas, seigneur, le prince furieux 475
De ses cris effrayants fait retentir ces lieux:
Jamais dans ses transports il ne fut plus terrible.
On dirait que d'un dieu la vengeance invisible,
Pour quelque grand forfait, l'accable et le poursuit.
Dans quel trouble mortel l'ai-je vu cette nuit! 480
Mes bras l'ont arrêté fuyant dans les ténèbres,
Tremblant, pâle, égaré, poussant des cris funèbres.
Dans l'état déplorable où le destin l'a mis,
Son œil peut-il encor distinguer ses amis?

NORCESTE.
N'importe, permettez…

SCÈNE IV.[88]
HAMLET, NORCESTE, VOLTIMAND.

HAMLET, *dans la coulisse.*
    Fuis, spectre épouvantable, 485
Porte au fond des tombeaux ton aspect redoutable.

VOLTIMAND, *à Norceste.*
Vous l'entendez.

HAMLET, *entrant précipitamment, et comme poursuivi par un fantôme.*
    Eh quoi! vous ne le voyez pas?
Il vole sur ma tête, il s'attache à mes pas.
Je me meurs.
  (*Il tombe dans un fauteuil.*)[89]

NORCESTE.
    Revenez d'une erreur si funeste;
Ouvrez les yeux, seigneur, reconnaissez Norceste, 490
Que sa tendre amitié conduit auprès de vous.

---

[87] MS267: II. 1.
[88] MS267: II. 2.
[89] Perhaps indicating an unscripted or lost element of the 1769 staging, or perhaps because of a mistaken memory, Diderot's account of the scene states that Hamlet 'tombe dans les bras de ses deux amis qu'il méconnaît' (Diderot, '*Hamlet*', p. 472).

HAMLET.
Qui? Norceste! Ah, c'est toi! Que cet instant m'est doux!
Que pour mon cœur troublé ta présence a de charmes!

NORCESTE.
Qui peut donc vous causer ces mortelles alarmes?
Ah! Seigneur, si toujours, partageant vos douleurs;   495
J'ai reçu dans mon sein vos secrets et vos pleurs;⁹⁰
Si sur mon zèle encor votre âme s'en repose,
De vos affreux tourments apprenez-moi la cause.

HAMLET.
Voltimand, laisse-nous.
    (*Voltimand sort.*)

SCÈNE V.
HAMLET, NORCESTE.

HAMLET.
                    Comment te révéler
Des secrets dont l'horreur me fait encor trembler!   500
Ah, dieux!

NORCESTE.
            Rompez, seigneur, cet obstiné silence.
N'aurais-je plus de droit à votre confiance?
Quelle mélancolie, au printemps de vos jours,⁹¹
Vers leur terme à grands pas précipite leur cours?
Vous viviez si content sous les regards d'un père.   505

HAMLET.
Que du soleil encor ne voit-il la lumière!

NORCESTE.
Le temps, qui sait calmer les plus justes regrets,
Ne pourra-t-il enfin vous consoler?

HAMLET.
                        Jamais.⁹²

---

⁹⁰ MS267: 'Ah! seigneur, si jamais la plus ~~tendre~~ \<forte\> amitié | M'a de vos moindres maux fait sentir la moitié.'

⁹¹ Shakespeare's Hamlet, we can deduce from clues in the gravedigger scene, is thirty years old (LP, v. 1, p. 390; S, v. 1. 139–40; 153).

⁹² MS267, after this line: '~~Ma perte, cher Norceste, est trop irréparable,~~ | ~~Tout depuis son trépas et m'afflige et m'accable,~~ | ~~Mon chagrin seul me plaît, et son mortel poison~~ | ~~A flétri ma jeunesse et troublé ma raison.~~ | ~~Je sens que chaque jour mon faible corps succombe,~~ | ~~Sans~~

NORCESTE.
J'admire ces regrets que la nature inspire;
C'est de la voix du sang le légitime empire.   510
Mais c'est à ce devoir donner assez de pleurs;
Souffrez…

HAMLET.
            Non, rien ne peut adoucir mes douleurs.
Par quels soins assidus, avec quelle tendresse,
Ce père infortuné cultiva ma jeunesse!
J'étais loin de prévoir qu'un destin rigoureux   515
Dût sitôt pour jamais l'enlever à mes vœux.
Il n'est plus, et sa cendre à peine est recueillie,
Que son trépas s'efface et que son nom s'oublie.
Lasse d'un deuil trop long, qui gênait ses désirs,
Je vois déjà ma cour revoler aux plaisirs:[93]   520
Et moi, dans ce palais, l'œil fixé sur la terre,[94]
Je cherche encor les pas de mon malheureux père;
Et je ne lis partout, sur ces murs odieux,
Que les ordres sanglants que j'ai reçu des cieux.

NORCESTE.
De ces ordres, seigneur, quel est dont le mystère?   525
Sont-ils de vos ennuis la source involontaire?
Expliquez-vous enfin.

HAMLET.
            Garde-toi d'accuser[95]
Ce cœur d'être trop prompt peut-être à s'abuser.[96]
Deux fois dans ce palais, ami, j'ai vu mon père,
Non point le bras levé, respirant la colère,   530
Mais désolé, mais pâle, et dévorant des pleurs
Qu'arrachaient de ses yeux de profondes douleurs.
« Ô mon fils, m'a-t-il dit, je viens enfin t'apprendre
« Quel sang tu dois verser pour apaiser ma cendre.

---

murmure, à pas lents, je descends vers la tombe, | Et plût au ciel déjà qu'au cercueil descendu, | Mon père chez les morts à mes vœux fût rendu!'.
[93] Shakespeare's Hamlet is more explicit in accusing Claudius's court of debauchery: 'ces bacchanales nocturnes' (LP, I. 10, p. 312); cf. 'heavy-headed revel' (S, I. 4. 17).
[94] Shakespeare's Hamlet also has his 'paupières humides dirigées vers la terre' (LP, I. 4, p. 303); Gertrude tells him 'Do not for ever with thy vailed lids | Seek for thy noble father in the dust' (S, I. 2. 70–71), 'vailed' here having the sense of 'lowered'.
[95] MS267: 'de penser <d'accuser>'.
[96] MS267: 'Que d'une vaine erreur je me laisse accuser'.

« On croit qu'un mal cruel trancha soudain mes jours: 535
« Ainsi les noirs complots sont voilés dans les cours.
« Ta mère, qui l'eût dit? oui, ta mère perfide
« Osa me présenter un poison parricide;
« L'infâme[97] Claudius, du crime instigateur,
« Fut de ma mort surtout le complice et l'auteur: 540
« Venge, a-t-il ajouté, le ciel et mon injure.
« Ne crains point, par tes coups, d'outrager la nature.
« Répands, sans distinguer,[98] le sang des inhumains.[99]
« C'est moi, ce sont les dieux qui conduiront tes mains. »
Sans lui répondre alors, plein de l'horreur profonde 545
Qu'inspirait à mon cœur l'effroi d'un autre monde;
« Quel est ton sort?, lui dis-je; apprends-moi quel tableau
« S'offre à l'homme étonné dans ce monde nouveau.
« Croirai-je de ces dieux que la main protectrice,
« Par d'éternels tourments, sur nous s'appesantisse? »[100] 550
« Ô mon fils, m'a-t-il dit, ne m'interroge pas:[101]
« Ces leçons du cercueil, ces secrets du trépas,
« Aux profanes mortels doivent être invisibles.
« Que du ciel sur les rois les arrêts sont terribles!
« Ah! s'il me permettait cet horrible entretien, 555
« La pâleur de mon front passerait sur le tien.
« Nos mains se sécheraient en touchant la couronne,
« Si nous savions, mon fils, à quel titre il la donne.

[97] MS267: 'L'affreux'.
[98] MS267: 'sans distinguer <balancer>'.
[99] Shakespeare's Ghost insists, conversely, that Hamlet must spare his mother: 'Respecte encore ta mère, et commande à ton bras: | Le Ciel et ses remords ne l'épargneront pas' (LP, I. 11, p. 318); cf. 'Taint not thy mind nor let thy soul contrive | Against thy mother aught; leave her to heaven | And to those thorns that in her bosom lodge | To prick and sting her' (S, I. 5. 85–88). For more on this, see Introduction, pp. 11–12.
[100] The *Lettre* finds Hamlet's question here inappropriate, because it raises theological issues that are out of place both onstage and for someone in Hamlet's own position: 'Voilà ce qui s'appelle une question oiseuse, indiscrète: ne savez-vous pas que c'est le secret de l'Église, et dans quel moment encore, va-t-il s'inquiéter de cela?' (*Lettre*, p. 21).
[101] Shakespeare's Ghost is similarly reluctant to share details of the afterlife: 'Tu frémirais, mon fils, à l'aspect de mes peines, | Et je verrais sur ton front l'épouvante et la mort. | Mais l'éternelle nuit doit cacher notre sort: | Ces secrets du Très-haut, ces mystères terribles, | Aux profanes mortels doivent être invisibles' (LP, I. 11, p. 315); cf. 'But that I am forbid | To tell the secrets of my prison-house | I could a tale unfold, whose lightest word | Would harrow up thy soul, freeze thy young blood, | Make thy two eyes like stars start from their spheres, | Thy knotted and combined locks to part | And each particular hair to stand on end | Like quills upon the fearful porpentine — | But this eternal blazon must not be | To ears of flesh and blood' (S, I. 5. 13–22).

« Vivant, du rang suprême on sent mal le fardeau;[102]
« Mais qu'un sceptre est pesant quand on entre au tombeau! »   560
Il dit, et disparaît.

NORCESTE.
                    Un tel discours sans doute
A dû troubler votre âme, et je conçois...

HAMLET.
                                        Écoute;
Ne crois pas qu'à ces mots mon esprit éperdu,
Sans de cruels combats se soit d'abord rendu:[103]
J'ai résisté longtemps. Ce ciel que je révère,   565
A vu si, sans frémir, j'osai juger ma mère.
Sans cesse à l'excuser mon cœur ingénieux,
Trouvait quelque plaisir à démentir les dieux.
Mais cette nuit enfin revenu plus terrible:
« Mon fils (m'a dit ce spectre), es-tu donc insensible?   570
« Aux douceurs du sommeil ton œil a pu céder,
« Et ton père au cercueil est encore à venger!
« Prends un poignard, prends l'urne où ma cendre repose;
« Par des pleurs impuissants suffit-il qu'on l'arrose?
« Tire-la de sa tombe, et courant m'apaiser,   575
« Frappe, et, fumante encor; reviens l'y déposer. »

NORCESTE.
Quel ordre affreux, ô ciel!

HAMLET.
                        Quelque temps immobile,
Sans haleine et sans voix, je suis resté[104] tranquille;
Mais enfin par degrés reprenant mes esprits,
J'ai rempli ce palais d'épouvantables cris: 580
J'ai couru, tout tremblant, faible, éperdu, sans suite;
Le spectre à mes côtés semblait presser ma fuite.
Cette ombre, ces forfaits, ce récit plein d'horreur,
Dans mon cœur expirant jette encor la terreur.

---

[102] The *Lettre* mocks this line, adding: 'Parlez au cœur en non pas à l'esprit, et les applaudissements partiront des quatre coins de la salle' (*Lettre*, p. 22).
[103] MS267 replaces lines 563–64 with: 'Garde-toi de penser que ce cœur éperdu', 'Ne crois pas qu'à ces mots mon esprit éperdu'.
[104] MS267: 'j'ai demeuré [sic?] <je demeurai>'.

NORCESTE.
Mais quoi! Faudra-t-il donc, sur ce seul témoignage, 585
Qui de vos sens troublés est peut-être l'ouvrage,
Qu'un prince, qu'une mère immolés par vos coups...

HAMLET.
J'aurai vengé mon père et le ciel en courroux.

NORCESTE.
Ainsi, bientôt, seigneur, la charmante Ophélie
De son père, à ses yeux, verra trancher la vie. 590
Vous soupirez!

HAMLET.
              Je tremble, et je n'ose entrevoir
À quel barbare choix me réduit mon devoir;
J'enhardis, en tremblant, mon âme encor flottante.[105]
La pitié m'attendrit, le meurtre m'épouvante.
Immoler Claudius, punir cet inhumain, 595
C'est plonger à sa fille un poignard dans le sein,
C'est la tuer moi-même; ainsi, mon cher Norceste,
À tout ce qui m'aima mon bras sera funeste.
Je verrai donc ma mère, embrassant mes genoux,
Suspendant par ses pleurs mes parricides coups, 600
Me dire... « cher Hamlet, daigné encor me connaître,
« Épargne au moins, mon fils, le sang qui t'a fait naître,
« Le sein qui t'a conçu, les flancs qui t'ont porté. »
Et je pourrais, d'un bras par la rage agité...
Tu m'as séduit, ô ciel! Non, jamais ta justice 605
Ne m'aurait commandé cet affreux sacrifice!
Qui, moi! J'accomplirais ce décret inhumain!
Ou change de victime, ou cherche une autre main.
Sur un vil criminel je cours venger mon père;
Mais je n'attente point sur les jours de ma mère; 610
De l'art d'un séducteur son forfait est le fruit.
Borne, ô ciel! ta vengeance au remord qui la suit.
Que pour elle mes pleurs, mes tourments t'attendrissent;
Ou s'il faut, malgré moi, que ces mains la punissent,
Pour prévenir ce crime et m'en sauver l'horreur, 615
Ma mort m'empêchera de servir ta fureur.

NORCESTE.
Eh, seigneur!

---

[105] MS267: 'tremblante <flottante>'.

HAMLET.
         Je succombe. Ô nature! ô mon père!

NORCESTE.
Seigneur, songeons plutôt à percer ce mystère.
Craignez dans vos fureurs que marchant au hasard,
Votre esprit égaré ne s'éclaire trop tard.   620
De ce père adoré la cendre ici repose.
De sa trop prompte mort cherchons tous deux la cause.
Cette urne, ce dépôt, à la nuit consacré,
Ne peut-il de sa tombe être en secret tiré?
J'ai mon dessein: bientôt j'ose vous le promettre,   625
Entre vos mains, seigneur, je prétends la remettre;
La reine vient vous voir,[106] que ne l'éprouvez-vous?
Présentez-lui soudain les cendres d'un époux.
À l'aspect imprévu d'un objet si funeste,
Vous épîrez[107] ses yeux, son air, son port, son geste;[108] 630
Un coupable aisément se trouble et se trahit,
Et vous pourrez par là…

HAMLET.
              Je t'entends, il suffit.
Cache bien mon secret; fuyons, je vois ma mère.

SCÈNE VI.[109]
GERTRUDE, NORCESTE.

GERTRUDE.
Mon fils me fuit, ô ciel! quel est donc ce mystère?
    (À Norceste.)
Vous savez tout, seigneur, ne me déguisez rien.   635

NORCESTE.
Son cœur, je l'avouerai, daignait s'ouvrir au mien.

GERTRUDE.
Des chagrins de mon fils apprenez-moi la cause.

NORCESTE.
Vous connaissez la loi qu'un secret nous impose.

---

[106] MS267: 'vient vous voir <vous verra>'.
[107] Sic, for 'épierez'. 1771, 1776B: 'épirez'; 1778: 'épierez'.
[108] Lines 627-30 are crossed out in MS267.
[109] MS267: II. 4.

GERTRUDE.
Eh, seigneur, je suis mère, et vous pouvez parler.

NORCESTE.
Madame, je ne puis.

GERTRUDE.
                    Vous me faites trembler.   640
Norceste, je le veux, répondez-moi, vous dis-je.

NORCESTE.
Je résiste à regret, votre douleur m'afflige,
Madame. Mais enfin j'obéis à mon roi,
Et ce profond silence est un devoir pour moi.[110]

SCÈNE VII.
GERTRUDE, *seule*.

Qui peut produire, ô ciel! l'air sombre de Norceste?   645
D'où naît donc ce refus, ce mystère funeste?
Je ne sais; mais je tremble. Une secrète horreur
M'accable en cet instant, ajoute à ma terreur.
Mais que vois-je? Ophélie!

SCÈNE VIII.
GERTRUDE, OPHÉLIE.

OPHÉLIE.
                    Ah! permettez, madame,
Qu'osant à vos genoux vous découvrir mon âme…   650

GERTRUDE.
Expliquez-vous.

OPHÉLIE.
                    Hélas! vous cherchez quel chagrin
De votre fils bientôt va trancher le destin.

GERTRUDE.
Vous le sauriez!

---

[110] MS267, which transposes the two halves of this act, brings in Gertrude's confession scene at this point. Elvire's arrival is introduced with these lines, before the play resumes at line 346 above: 'SCÈNE V. | GERTRUDE, ELVIRE. | GERTRUDE, *à Elvire qui l'approche, et qui observe la sortie de Norceste*. Elvire, as-tu bien vu l'air sombre de Norceste? | Conçois-tu ce refus, ce mystère funeste? | ELVIRE. Madame, je l'ignore. | GERTRUDE. | Une secrète horreur | M'accable en cet instant, ajoute à ma terreur. | À quel trouble mortel mon esprit s'abandonne!'.

OPHÉLIE.
    Daignez me promettre d'avance
Que ce cœur généreux oubliera[111] mon offense.

GERTRUDE.
Et quel crime si grand auriez-vous donc commis?   655
Claudius... mais plutôt parlez-moi de mon fils.
Vous auriez de ses maux pénétré le mystère?
Ah! qui sont-ils? Parlez, éclairez une mère.

OPHÉLIE.
Madame...

GERTRUDE.
   C'en est trop, répondez, je le veux.

OPHÉLIE.
Vous connaissez du roi les ordres rigoureux.   660
Nul mortel à ma foi ne doit jamais prétendre,
Et je ne puis, sans crime, ou le voir ou l'entendre.
Le prince m'a forcée à braver ce devoir.

GERTRUDE.
Comment!

OPHÉLIE.
   Nous nous aimons, mais, hélas! sans espoir.
Nous avons tous les deux, à cet ordre rebelles,   665
Renfermé dans nos cœurs nos ardeurs mutuelles.
Mais c'est moi dont les feux, trop prompts à me trahir,
Ont, aux regards du prince, osé se découvrir.
Ainsi jusqu'à l'excès sa flamme est parvenue.
De là ce sombre ennui dont la cause inconnue   670
Sur son sort, tant de fois, alarma votre cour;
Son désespoir, ses maux, sont nés de notre amour.
Qu'un autre choix vous venge et punisse mon crime.
À ce tourment, hélas! je me livre en victime:
Heureuse si ma mort, en croissant son ennui,   675
Ne vous en prive pas quand je m'arrache à lui.

GERTRUDE.
Non, vous vivrez tous deux, ô moment plein de charmes!
Je pourrai donc, mon fils, sécher enfin tes larmes.

---

[111] Pronounced (and in 1778 and 1808 spelled) 'oublîra' for the scansion, although all other editions give 'oubliera' or (in 1776A) 'oublira'.

Ses feux seuls ont produit sa secrète langueur.
Hélas! est-on toujours le maître de son cœur? 680
Je conçois de vos maux quelle est la violence,
Sans doute il est affreux d'aimer sans espérance.
Mais enfin par l'hymen je puis combler vos feux;
Je n'ai qu'à dire un mot: j'y consens, je le veux.
Vivez, régnez, aimez; je n'aspire moi-même 685
Qu'à placer sur vos fronts le sacré diadème;
Je cours vers Claudius dans cet heureux moment.
Je vous réponds déjà de son consentement.
Quel ennui si mortel, quelle mélancolie,
Tiendrait contre l'espoir d'obtenir Ophélie? 690
Embrassez-moi, ma fille; allez; que ce grand jour
Couronne tant d'attraits, de vertus, et d'amour!

ACTE III.
SCÈNE PREMIÈRE.[112]
HAMLET, OPHÉLIE.

OPHÉLIE.
Oui, prince, de nos feux j'ai trahi le mystère;
Vous n'outragerez point les volontés d'un père.
La reine qui vous aime a tout appris par moi. 695
Eh! comment lui cacher que le don de ma foi,
Lorsqu'à périr ici chaque jour vous expose,
Peut seul finir des maux dont l'amour est la cause!
Que n'avez-vous pu voir quel tendre embrassement
M'a confirmé sa joie et son consentement! 700
Tant d'amour l'a touchée: elle veut elle-même
Placer sur notre front le sacré diadème.
Mais quels sont ces soupirs avec peine arrachés,
Et ces sombres regards à la terre attachés?[113]
Voyez-vous mon bonheur avec indifférence? 705

HAMLET.
Le bonheur quelquefois est plus loin qu'on ne pense.

---

[112] Act III in 1807(?) and 1808 starts with Hamlet's soliloquy, given here in Appendix A (IV. 1. 425). This shunts subsequent scenes along by one such that III. 1 here is given in 1807(?) and 1808 as III. 2.

[113] Ducis often stresses Hamlet's downward gaze, which derives from Shakespeare, via La Place; see note 131 below.

OPHÉLIE.
Qu'entends-je? Quel discours!... Seigneur, vous vous troublez;
D'un ennui plus profond vos sens sont accablés.
Eh quoi! Déjà[114] pour moi votre ardeur affaiblie...

HAMLET.
Que tu me connais mal, ô ma chère Ophélie! 710
Si tu crois que mon cœur, épris de tes attraits,
Une fois enflammé, puisse changer jamais.
Ce cœur jusqu'au tombeau brûlera pour tes charmes.

OPHÉLIE.
D'où vient donc, malgré toi, vois-je couler tes larmes?[115]
Qu'un[116] profond désespoir, peint dans tes tristes yeux, 715
Ne semble m'annoncer que d'éternels adieux?
N'expliqueras-tu pas quel poison te consume?

HAMLET.
Non, tu n'en conçois pas la funeste amertume.

OPHÉLIE.
Ainsi ces nœuds charmants, cet autel fortuné,
Où mon sort sous tes lois allait être enchaîné... 720
Hélas!... je me trompais, ce n'était qu'un vain songe.

HAMLET.
Notre amour seul fut vrai, le reste est un mensonge.

OPHÉLIE.
Cruel, ton cœur aussi s'est donc fermé pour moi.

HAMLET.
Que ne peut-il, hélas! s'épancher devant toi;
Un obstacle invincible à ce désir s'oppose. 725
Tu verras mon trépas sans en savoir la cause;
Plains-moi, plains un amant qui craint de t'irriter,
Qui meurt, s'il ne t'obtient, et ne peut t'accepter:
Si le sort l'eût voulu, nés tous deux l'un pour l'autre,
Quel bonheur sur la terre eût égalé le nôtre? 730
Douces conformités et d'âge et de désirs,

---

[114] 1770A, 1808: 'Eh! quoi déjà'; 1778: 'Eh! quoi, déjà'.
[115] A non-standard syntactical construction, the sense of which is nonetheless clear: 'D'où vient donc que je vois...'. 1770C, 1776A, 1778, 1808: 'D'où vient que malgré toi, je vois couler tes larmes?'.
[116] 1778: 'Ce' (to maintain the correct syntax, line 716 ends with an exclamation mark in this version).

Le ciel autour de nous rassemblait les plaisirs.
Je ne te parle point de la grandeur suprême;
Ton cœur, je le sais trop, n'a cherché que moi-même.
Cependant... ô regrets!

OPHÉLIE.
      Achève.

HAMLET.
         Je ne puis.   735

OPHÉLIE.
Pourquoi?

HAMLET.
    C'est à la tombe à cacher mes ennuis.

OPHÉLIE.
Tu veux quitter la vie!

HAMLET.
      Il est temps que j'en sorte;
Sur toi, sur mon amour, mon désespoir l'emporte:
Va, crois-moi, du bonheur les jours purs et sereins
Rarement sur la terre ont lui pour les humains.   740
En chagrins dévorants que de sources fécondes!
Des plaisirs si trompeurs! des douleurs si profondes!
Et que faire, Ophélie, en ce séjour affreux?
Traîner dans les soupçons mon destin malheureux,
Écouter les mortels, sans croire à leur langage,[117]   745
De leurs divisions voir l'affligeante image:
Pas un sincère ami dont la fidélité
Conduise jusqu'à nous l'auguste vérité;
La vérité, grands dieux! qui, si noble, et si belle,
Devrait être des rois la compagne éternelle.   750
Des guerres, des traités, d'infructueux projets;
Des lauriers toujours teints du sang de nos sujets;
Au-dedans, des complots, des cœurs ingrats, perfides;
Du poison préparé par des mains parricides.[118]

---

[117] MS267 gives, in place of lines 741–45: 'Mettre, en plaignant leur sort, la rigueur en usage, | Par un sincère ami qu'on puisse discerner | Des flatteurs aux plaisirs prompts à nous entr'aimer | Leur conjuration en tout temps si fidèle | Pour cacher à nos yeux la vérité cruelle;'.
[118] MS267 gives, in place of lines 751–54: 'Ces tours, ces murs pompeux qu'un vain or fait briller. | Sais-tu ce qu'ils diraient s'ils pouvaient nous parler? | Quoi! je les vois encore, et j'aimerais la vie! | Et ma juste douleur ne me l'a pas ravie!'.

Ah! puisqu'à tant de maux le ciel livra mes jours, 755
Sans doute il m'autorise à terminer leur cours;
Et qu'importe à ces dieux qu'abrégeant ma misère
J'aie un instant de plus à gémir sur la terre?
Languissant, abattu, souffrant, prêt à périr,
Mon malheur est de vivre et non pas de mourir.[119] 760

OPHÉLIE.
Qu'oses-tu dire, ô ciel! quel désespoir t'égare?
Ta douleur, à la fin, t'a donc rendu barbare?
Hélas! je nourrissais cet espoir si charmant
D'essuyer quelque jour les pleurs de mon amant:
L'hymen va, me disais-je, au gré de mon envie, 765
Par de nouveaux devoirs l'attacher à la vie.
Je ne te parle plus de mes feux, ni de moi;
Mais, pour oser mourir, ta vie est-elle à toi?
Ta grandeur, ton devoir la livre à ta patrie;
Entends à tes côtés le Danois qui te crie: 770
« J'ai remis dans tes mains mon sort, ma liberté;
« Entre ton peuple et toi n'est-il plus de traité?
« T'aimer et t'obéir, voilà notre partage;
« À vivre pour nous seuls la même loi t'engage.
« Sais-tu, tranchant tes jours, si dans tous tes États 775
« Plus d'un infortuné ne les réclame pas?[120]
« C'est à toi que le faible a commis sa défense.
« Punir les oppresseurs, soutenir l'innocence,
« Protéger tes sujets contre leurs ennemis,
« Voilà les droits sacrés que le ciel t'a remis. 780
« De leurs malheurs cachés préviens, détruis les causes;
« Ce sont là tes devoirs: meurs après, si tu l'oses. »[121]
C'est ainsi que l'État te parle par ma voix;
Rends-lui, cruel, rends-lui le plus grand de ses rois;[122]

---

[119] Various critics recognised the echoes of Shakespeare's famous 'To be or not to be' soliloquy here, but lamented Ducis's weak handling of the material. For the author of the *Lettre*, Hamlet's reasons here are 'faibles': 'Ils devraient plus s'étendre sur les malheurs qui l'affligent, et un peu moins sur les inconvénients de la royauté qui ne sont pas, après tout, assez forts pour qu'on renonce à la vie' (*Lettre*, p. 29). Diderot, conversely, regrets that Ducis chose to transplant Shakespeare's ideas into a dialogue; for him it is Ophélie's objections to this 'grande tirade en faveur du suicide' that are 'assez faibles' (Diderot, '*Hamlet*', p. 473).
[120] Lines 773-76 are omitted from 1807(?) and 1808.
[121] In MS267, lines 777-82 have been stuck over the original version.
[122] Hamlet refers to his father as 'le plus grand des rois' (LP, I. 5, p. 305); cf. 'So excellent a king' (S, I. 2. 139).

Qu'il revive en son fils, et que l'Europe entière, 785
Au bruit de tes vertus, croie admirer ton père.[123]

HAMLET.
Hélas!

OPHÉLIE.
    Ne gémis plus, mais règne.

HAMLET.
                        Que dis-tu?
Garde-toi bien surtout d'outrager ma vertu.
D'un prince mieux que toi je sais ce qu'elle exige;
Oui, tel est le devoir où ce grand nom m'oblige, 790
Qu'il me faut pour remplir un si sublime emploi,
Ou régner par moi-même, ou cesser d'être roi.
Vous le savez, grands dieux! ma plus douce espérance
Était de voir mon peuple heureux sous ma puissance:
Sans doute, en m'accablant, vous m'imposez la loi 795
De descendre d'un rang qui n'est plus fait pour moi.[124]
    (À *Ophélie*.)
Et toi, de qui l'amant et t'offense et t'adore,
Renonçons à l'espoir de nous revoir encore.[125]
Adieu... je vais bientôt...

OPHÉLIE.
                    Tes pleurs me font frémir,
Ton cœur se trouble, hésite, et cherche à s'affermir: 800
Tu caches un dessein.

HAMLET.
              Qui, moi!

OPHÉLIE.
                      Je veux l'apprendre.
Je veux tout découvrir.

HAMLET.
                  Qu'osez-vous entreprendre?

---

[123] Lines 783–86 are missing from 1807(?) and 1808.
[124] MS267 gives, after this line: 'Et vous, mes chers sujets, en quittant la couronne, | Ne me reprochez pas qu'Hamlet vous abandonne. | Reçois, ô mon pays, tes droits que je te rend [*sic*]. | J'aime assez ton bonheur pour abdiquer mon rang. | Si je n'ai pu régner au gré de ton envie, | Sans remord dans ton soin j'aurai rendu la vie. | Et mes derniers soupirs du moins auraient été | Pour ta grandeur future et la félicité'.
[125] MS267: 'Pour la dernière fois embrassons-nous encore'.

OPHÉLIE.
C'est trop souffrir. Cruel, quels sont donc tes malheurs?
Que je t'aide du moins à porter tes douleurs.

HAMLET.
Leur poids t'accablerait.

OPHÉLIE.
               Connais mieux mon courage: 805
Penses-tu que les pleurs fassent seuls mon partage?
Pour te sauver, Hamlet, s'il ne faut que périr,
Viens me voir expirer et t'apprendre à souffrir.[126]

HAMLET.
Malheureuse! et sais-tu jusqu'où va ma constance?
Entends-tu dans les airs le cri de la vengeance?   810
Vois-tu soudain les morts se montrer à tes yeux;
Errer sous ces lambris des spectres odieux?
Le jour, vois-tu les cieux couverts d'ombres funèbres,
La nuit, des feux sanglants sillonner les ténèbres?[127]
Sens-tu par les enfers ton esprit agité,   815
Dans ton cœur expirant tout ton sang arrêté?

OPHÉLIE.
Qu'entends-je, ô ciel!... n'importe! il faut me satisfaire.
Parle, achève, éclaircis cet horrible mystère.

HAMLET.
Laisse-moi mourir seul.

OPHÉLIE.
               Non, tu ne mourras pas.

HAMLET.
Tremblez.

OPHÉLIE.
               Je ne crains rien.

HAMLET.
               Fuyez.

---

[126] MS267: 'Viens me voir, près de lui, s'il ne faut que mourir, | Accuser ta faiblesse et t'apprendre à souffrir'.
[127] 1807(?) and 1808 omit lines 811–14.

OPHÉLIE.
                        Je suis tes pas.   820
    (À Gertrude qui entre.)[128]

                        SCÈNE II.[129]
                    HAMLET, GERTRUDE, OPHÉLIE.

OPHÉLIE.
Ah, madame, parlez, et secondez mes larmes;
Mes efforts contre Hamlet sont d'impuissantes armes.
L'amour n'a point causé ses chagrins douloureux;
Son cœur, en frémissant, cache un secret affreux.
Les plus sombres transports sont tout prêts d'y renaître,   825
Quelque accès tout à coup va l'enflammer peut-être;
Il s'étonne, il soupire, il n'a devant les yeux
Que des morts, des cercueils, des spectres furieux.
Tout cet amas d'horreurs dont son âme est remplie
Nourrit le noir poison de sa mélancolie.   830
Arrachez son secret: peut-être qu'en ce jour
La nature sur lui pourra plus que l'amour.

GERTRUDE.
Vous verrai-je toujours, le front morne et sévère,
Fixer, mon cher Hamlet, vos regards sur la terre?
De sinistres[130] objets uniquement frappé,   835
Toujours d'un vain effroi serez-vous occupé?
Ignorez-vous, mon fils, avec tant de courage,
Que vers des jours nouveaux nos jours sont un passage;
Que tout homme ici-bas n'est né que pour mourir?[131]

HAMLET.
Madame, je le sais.[132]

---

[128] 1783, 1807(?): this stage direction follows Ophélie's name at the start of Scene 2.
[129] 1807(?), 1808: III. 3.
[130] MS267: 'funestes'.
[131] This speech is adapted from Gertrude's words to Hamlet: 'Vous verrai-je toujours, mon cher Hamlet, l'air sombre, et l'œil farouche, ne jeter sur le Danemark et sur nous que des regards sinistres? Verrai-je toujours vos paupières humides dirigées vers la terre, comme pour y chercher votre illustre père?... Oubliez-vous que nous ne naissons que pour mourir?' (LP, I. 4, p. 303); cf. 'Good Hamlet, cast thy nighted colour off | And let thine eye look like a friend on Denmark. | Do not for ever with thy vailed lids | Seek for thy noble father in the dust. | Thou knowst 'tis common all that lives must die' (S, I. 2. 68–72).
[132] 'Je sais tout cela, Madame' (LP, I. 4, p. 303); this line has no direct counterpart in Shakespeare (but cf. S, I. 2. 73).

GERTRUDE.
      Eh! pourquoi donc souffrir   840
Qu'à des ennuis secrets votre force succombe?
Vous tairez-vous, mon fils, sur le bord de la tombe?
Votre cœur avec moi craint-il de s'épancher?

HAMLET.
Plus mes malheurs sont grands, plus je dois les cacher.[133]

GERTRUDE.
Auriez-vous ou commis ou conçu quelques crimes?   845

HAMLET.
Ce bras n'est point souillé, mes vœux sont légitimes.

GERTRUDE.
D'où vous vient donc, mon fils, cet air sombre, abattu?
Cette triste langueur sied mal à la vertu.
De vous, sur ces dehors, que voulez-vous qu'on pense?

HAMLET.
Mais si mon cœur est pur, que me fait l'apparence?   850

GERTRUDE.
Eh, quel est donc, mon fils, ce secret important?
Mon trouble, ma terreur augmente à chaque instant.
Au nom de ma tendresse, au nom de ta naissance,
Par ces soins maternels que j'eus de ton enfance,
Apprends-moi... Tu pâlis, tous tes sens sont glacés;   855
Tes cheveux sur ton front d'horreur sont hérissés:
Qui te rend tout à coup immobile, insensible?
Tes yeux semblent fixés sur quelque objet terrible.[134]
Qui peut produire en toi ces mouvements divers?
Sous tes pieds chancelants verrais-tu les enfers?   860
Ô mon fils! mon cher fils!

---

[133] Shakespeare's Hamlet, conversely, insists that he is not hiding anything: 'Je ne sais paraître que ce que je suis en effet!' (LP, I. 4, p. 303); cf. '"Seems", madam — nay it is, I know not "seems"' (S, I. 2. 76).

[134] In Shakespeare's bedchamber scene, Gertrude remarks that Hamlet's eyes are 'fixés dans la vague de l'air', and that his 'cheveux hérissés se dressent sur ta tête' (LP, III. 19, p. 356). Cf. Shakespeare: 'you do bend your eye on vacancy'; 'Your bedded hair like life in excrements | Start up and stand on end' (S, III. 4. 113; 117–18).

HAMLET, *voyant l'ombre de son père.*
      Le voilà; c'est lui-même:[135]
Je t'entends, il suffit.

GERTRUDE.
      Sors de ce trouble extrême.

OPHÉLIE.
Rappelle un peu tes sens.

HAMLET.
      Quoi! vous n'avez point vu…[136]

GERTRUDE.
De tes sombres erreurs c'est l'effet imprévu.

HAMLET, *accablé.*
Ah, dieux!…
 (*Il voit*[137] *encore l'ombre.*)
    Il reparaît, il menace, il s'avance,   865
Où me cacher! où fuir sa fatale présence?
Je me meurs.

GERTRUDE.
   Hé, mon fils![138]

HAMLET.
      Je ne pourrai jamais…

GERTRUDE.
Que t'a-t-il commandé?

HAMLET.
     Non: de pareils forfaits
Ne nous sont point prescrits par la bonté céleste.
Que croire à ton aspect, ombre chère et funeste?   870
Viens-tu pour me troubler d'un prestige odieux?
Viens-tu pour m'annoncer la volonté des dieux?
Si tu n'es des enfers qu'une noire imposture,

---

[135] 'C'est lui! c'est lui-même…' (LP, III. 19, p. 356); cf. '[I look] On him, on him!' (S, III. 4. 121).

[136] 'Quoi, vous ne voyez rien?' (LP, III. 19, p. 357); cf. 'Do you see nothing there?' (S, III. 4. 128).

[137] MS267: '*voyant*'.

[138] MS267 contains these extra lines: 'HAMLET. Fuis, spectre furieux, | Ou je vais à l'instant expirer à tes yeux. | GERTRUDE. Hélas! de sa raison il a perdu l'usage. | HAMLET. Ne viens plus sur la terre exciter mon courage. | Cet ordre est trop affreux, je ne pourrai jamais…'.

Qui t'a donné le droit d'affliger la nature?
Si les ordres du ciel s'expliquent par ta voix, 875
Donne donc le pouvoir d'exécuter ses lois.¹³⁹

GERTRUDE.
Quelles lois? ô mon fils!¹⁴⁰

HAMLET.
     Le trouble où je me plonge
De mes sens prévenus vous paraît un mensonge!

GERTRUDE.
En pourrais-tu douter? Ne vois-tu point, hélas!
Que c'est ta seule erreur…

HAMLET.
     Ne vous y trompez pas, 880
Tout est réel, madame!

GERTRUDE.
    À quelle horreur livrée,
Par quels secrets combats son âme est déchirée!¹⁴¹

HAMLET, *suivant l'ombre des yeux.*¹⁴²
Il se tait, il m'observe, il dévore ses pleurs;
Il cherche, en se voilant, à cacher ses douleurs.
Quel spectacle!¹⁴³

GERTRUDE.
  Ah! mon fils!

HAMLET.
     Attends, ombre immortelle, 885
Je te suis vers la voûte où ton sort te rappelle.
Sur la terre exilé, mourant, chargé d'ennuis,
Peux-tu me laisser seul dans l'état où je suis?

---

¹³⁹ La Place's Hamlet, in the bedchamber scene, tells the Ghost: 'j'obéis à tes ordres terribles. Ils seront tous exécutés' (LP, III. 19, p. 355); this loosely adapts Shakespeare's Hamlet's enquiry whether the Ghost has come to chide him for his tardiness in exacting revenge (S, III. 4. 103–05).
¹⁴⁰ A paper stuck onto MS267 means that the text leaps to 'À quelle horreur' (line 881). The lines hidden underneath are hard to read, but seem to resemble those given here.
¹⁴¹ At this point, the 1808 text leaps straight to line 895.
¹⁴² MS267: '*voyant l'ombre*'.
¹⁴³ In La Place, it is Hamlet who weeps and tells the Ghost to turn away in his attempt to summon the resolve to exact vengeance (LP, III. 19, p. 357); this has its roots in a possible misreading of Shakespeare (S, III. 4. 123–26).

GERTRUDE.
Ta mère est avec toi.

HAMLET.
                    Satisfais mon envie;
Ou ce fer par mes mains va terminer ma vie.   890

GERTRUDE, *le désarmant.*
Que fais-tu, malheureux?... Je vois tes pleurs couler!
Cruel, c'est dans mes bras que tu veux t'immoler!

HAMLET.[144]
Où suis-je? Qui me parle?

GERTRUDE.
                    Ah,[145] reconnais ta mère!

OPHÉLIE.
Vois ta tendre Ophélie, à ton amour si chère.

HAMLET, *à sa mère.*
Hélas! c'est vous sur moi qui vous attendrissez!   895
    (*À Ophélie.*)
Ces larmes, savez-vous pour qui vous les versez?[146]

SCÈNE III.[147]

HAMLET, GERTRUDE, CLAUDIUS, OPHÉLIE

HAMLET, *continuant.*
Ciel! je vois Claudius.

GERTRUDE, *à Claudius.*
                    Seigneur, qui vous amène?
Venez-vous voir mon fils, lorsque sa mort prochaine...

CLAUDIUS.
Eh quoi! de leur hymen le moment souhaité...

GERTRUDE.
De cet espoir en vain mon cœur s'était flatté.   900

---

[144] MS267: 'HAMLET, *égaré*'.
[145] 1770C, 1776A, 1776B, 1778: 'Ha'.
[146] John Golder helpfully sums up the melodramatic pathos of this scene: 'deserted by a father whom he has failed, and deprived of the means of self-immolation, Hamlet is flanked pathetically by the two tenderly solicitous women whom his duty demands that he destroy'. Golder, p. 35.
[147] 1807(?), 1808, MS265: III. 4.

Mon fils de ses douleurs va mourir à ma vue,
Sans que jamais la cause en ait été connue.

CLAUDIUS.
Son sort cruel n'étonne, et j'en plains la rigueur;
Mais puisqu'enfin l'amour ne peut fléchir son cœur,
Vous savez quelle loi funeste à ma famille 905
Rend les flambeaux d'hymen interdits pour ma fille,
Révoquez un arrêt qu'a dicté le courroux;
Permettez que ma main lui choisisse un époux,
Que des nœuds moins brillants…

HAMLET, *se réveillant tout à coup de son espèce d'assoupissement.*
Il n'en est[148] plus pour elle;
Tremblez, audacieux, de devenir rebelle. 910
Avez-vous oublié que je suis votre roi?
J'aime, je suis aimé, votre fille a ma foi,
Nul mortel à sa main ne doit jamais prétendre.
Je crois en souverain me faire assez entendre.
Ce cœur, que vous jugez sans force et sans vertu, 915
N'est pas peut-être encor tout à fait abattu.[149]
(*Regardant Claudius.*)
Sans doute ici mon sceptre excite quelque envie;
Mais, si je dois bientôt abandonner la vie,
Je n'en sortirai pas, que ce bras furieux
(*À Claudius.*)
N'ait assouvi ma haine et satisfait les dieux. 920
(*Il sort.*)

SCÈNE IV.[150]

GERTRUDE, CLAUDIUS, OPHÉLIE.

CLAUDIUS.
Quel est donc ce transport que je ne puis comprendre,
Madame?

---

[148] 1770A: 'n'est'. I correct in line with subsequent editions.
[149] MS267 adds lines 913–16 on a new sheet (obscuring the original), but with lines 915–16 crossed out and these lines added: 'Je [illegible: 'conserve'? 'confirme'?] la loi dont vous osez vous plaindre | Murmurez, gémissez, mais craignez de l'enfreindre. | Je respire, je règne, et tandis que le jour | Éclairera mes yeux dans ce fatal séjour, | Sachez que dans moi seul est le pouvoir suprême, | Que je connais encor les droits du diadème, | Que ce cœur que l'ennui va bientôt consumer, | Est un flambeau mourant qui peut se rallumer.'
[150] 1807(?), 1808, MS267: III. 5.

GERTRUDE.

   Auprès d'un fils, seigneur, je dois me rendre.
  (*À Ophélie.*)
Suivez mes pas, ma fille, il le faut secourir,
Et je vais avec vous le sauver, ou mourir.

SCÈNE V.[151]
CLAUDIUS, *seul*.

À quel trouble inouï ce palais est en proie!   925
D'où naît cette fureur que le prince déploie?
Saurait-il notre crime?[152] aurait-il soupçonné
Par quel complot son père est mort empoisonné?[153]
Quel que soit son secret, il faut que je l'arrache.
Le dessein d'un amant avec peine se cache   930
Aux regards pénétrants des yeux qui l'ont charmé.
Par ma fille bientôt j'en veux être informé;[154]
Il faut que de ses pleurs l'invincible puissance
Enfin contraigne Hamlet à rompre ce silence.[155]
La Reine que poursuit son remord inquiet   935
Viendra lui demander un entretien secret:
C'est à moi tout à coup d'y mêler ma présence,
D'observer avec soin s'ils sont d'intelligence,
De retarder encor l'instant de leur trépas,
Ou d'entrouvrir soudain l'abîme sous leurs pas.   940

ACTE IV.
SCÈNE PREMIÈRE.[156]
HAMLET, NORCESTE, *tenant une urne à la main*.

NORCESTE.

Oui, seigneur, la voici cette urne redoutable
Qui contient d'un héros la cendre déplorable.
Trop heureux que mon zèle utile à vos desseins,

---

[151] 1807(?), 1808: III. 6.
[152] MS267: '~~notre crime~~ mes desseins'.
[153] 1807(?) and 1808 add after this line: 'Aurait-il pénétré...? Polonius s'avance.', which is then followed by IV. 7 (1809). See Appendix A (p. 95).
[154] MS267: 'Par ~~ce secours adroit~~ j'en veux être informé. | ~~Je prétends qu'Ophélie en prodiguant ses larmes~~ | [illegible] ~~contre Hamlet ces dangereuses armes~~'.
[155] MS265: the scene breaks off here, followed by Polonius's entrance; see Appendix E.
[156] For Diderot, this act is 'le plus riche et celui qui a été le plus applaudi' (Diderot, '*Hamlet*', p. 473).

Pour fixer vos soupçons, l'ait remise en vos mains;
Puisse-t-elle adoucir la tristesse invincible, 945
Qui pour tous vos sujets vous rend inaccessible!¹⁵⁷
Donnez un libre cours à vos justes douleurs.
Sur cette urne à loisir laissez couler vos pleurs.
Mais quoi! Sur cet objet votre vue attachée,
Par aucun autre, hélas! n'en peut être arrachée: 950
On dirait que ce cœur, trop pressé pour gémir,
Va finir ses tourments par son dernier soupir.
    (*Hamlet, pénétré de douleur,*¹⁵⁸ *fait des efforts pour parler.*)
Ah! Seigneur, achevez, que voulez-vous me dire?¹⁵⁹
Sa voix mourante, ô ciel! sur ses lèvres expire.
Ô mon prince, ô mon roi! permettez qu'à vos yeux 955
Je dérobe un instant ce dépôt précieux.
    (*Il va placer l'urne sur une table.*¹⁶⁰)

HAMLET.¹⁶¹
Hélas!

NORCESTE.
    De tout l'État que l'intérêt vous touche,
C'est lui dans ce moment qui se plaint par ma bouche:
Vivez, régnez, voyez tout un peuple éperdu,
Rendez-lui dans son roi le bien qu'il a perdu. 960
On vient. C'est Ophélie.

HAMLET.
              Ô rencontre imprévue!
Comment cacher encor mes secrets à sa vue!
    (*Norceste sort.*)

SCÈNE II.
HAMLET, OPHÉLIE.

OPHÉLIE.
Seigneur, souffrez qu'ici, pour la dernière fois,
Une amante à vos pieds fasse entendre sa voix.
Pour mon père tantôt votre haine inflexible 965

---

¹⁵⁷ 1807(?) and 1808 omit lines 943-46.
¹⁵⁸ MS267 omits '*pénétré de douleur*'.
¹⁵⁹ MS267, after this line: '(*Hamlet ne peut trouver de voix tant sa douleur est forte et profonde.*)'.
¹⁶⁰ MS267: '(*Il va placer l'urne dans un enfoncement tout proche.*)'.
¹⁶¹ 1783 (erroneously): 'CLAUDIUS'.

A pénétré mon cœur du coup le plus sensible.
Il n'aspirait, hélas! qu'à vous voir mon époux:
Il vous plaint, il vous aime, il s'attendrit sur vous,
Il voudrait, s'il se peut, vous tenir lieu de père.

HAMLET.
Lui! ce barbare!

OPHÉLIE.
    Ô ciel! quelle ardente colère   970
À son nom seulement étincelle en vos yeux!
S'il excitait lui seul vos transports furieux!
Si c'était lui... je tremble... hélas!

HAMLET.
      Qu'osez-vous dire?

OPHÉLIE.
Votre cœur en secret à la vengeance aspire.
Voilà de vos chagrins le principe inconnu.   975
Par la haine entraîné, par l'amour retenu...
J'entrevois... oui, seigneur; le soin qui vous anime
Cherche à frapper ici quelque grande victime.[162]
Vous prétendez en vain me le dissimuler.
Celui que votre bras va bientôt immoler...   980

HAMLET.
Achevez.

OPHÉLIE.
  C'est mon père; oui, seigneur, c'est lui-même.
Tantôt, à son aspect, votre surprise extrême
Votre horreur, vos discours, vos funestes transports,
Cette ombre tout à coup quittant le sein des morts,
Sur vos sens agités l'effet de sa présence,   985
Ces mots entrecoupés de devoir, de vengeance;
Ce dégoût des humains,[163] ce palais détesté
Si souvent, disiez-vous, par le crime habité;[164]
Non, je n'en doute plus, votre sombre furie,

---

[162] 1807(?) and 1808 omit lines 975–78.
[163] In La Place's paraphrase of II. 7, Hamlet tells Rosencrantz and Guildenstern that he is 'dégoûté du monde' (p. 327). This phrase seems to have appealed to Ducis, who uses it twice in 1809 (here and line 499 — see Appendix A) before deleting it from Ophélie's speech in 1813.
[164] 1807(?) and 1808 omit lines 985–88.

Du sang de Claudius brûle d'être assouvie. 990
Mais pourquoi l'accuser? Quel forfait est le sien?
Vous, massacrer mon père!

HAMLET.
      Il m'a privé du mien.

OPHÉLIE.
Quelle erreur te séduit?

HAMLET.
      Je sais ce qu'il faut croire,
Le ciel s'est expliqué.

OPHÉLIE.
      Tu vas souiller ta gloire.

HAMLET.
Ma gloire est d'être fils.

OPHÉLIE.
      Et la mienne à mon tour, 995
Est au devoir du sang d'immoler mon amour.
Je n'examine point si mon père est coupable;
De complots, d'attentats je le crois incapable:
Mais eût-il sous mes yeux sacrifié son roi,
Criminel pour tout autre, il ne l'est pas pour moi. 1000
Il est mon père enfin: je prendrai sa défense.
Sur quel droit cependant fondes-tu ta vengeance?
Je vois quel trouble horrible a séduit ta raison;
Tu n'as devant les yeux que meurtre, trahison;
Ton cœur avec plaisir, pour venger la nature, 1005
D'un crime imaginaire a conçu l'imposture.
D'un sang qui m'est si cher rougirais-tu ta main?
Quoi! tu connais l'amour, et tu n'es pas humain!
Hélas! combien le ciel trompait mon espérance!
Aux autels de l'hymen mon cœur volait d'avance; 1010
C'est là que j'espérais t'accepter pour époux:
Ton erreur pour jamais romprait des nœuds si doux!
Il en est temps encor. Prends pitié de toi-même.[165]
Ne perce pas ce cœur qui t'accuse et qui t'aime:

---

[165] 1807(?) and 1808 omit lines 1001–13. This is perhaps surprising, since they had met with favour from at least one reviewer: 'Voilà une scène tragique, voilà le cri du cœur, la voix de la nature' (*Lettre*, p. 30). The *Lettre* adds that a tragedy containing several such scenes would prove Ducis the worthy successor of Corneille, Racine, Voltaire, and Crébillon (*Lettre*, p. 31).

C'est ton amante en pleurs qui tombe à tes genoux ; 1015
Sur l'auteur de mes jours suspends du moins tes coups.
Songe, si quelque erreur t'entraînait dans le crime,
Combien tes longs remords vengeraient ta victime.
Ne mets pas entre nous un rempart éternel,
Et ne me réduis pas au supplice cruel 1020
D'avoir ma flamme à vaincre, et, que sais-je, peut-être
De trahir, en t'aimant, le sang qui m'a fait naître.

HAMLET.
Hélas![166]

OPHÉLIE.
 Tu t'attendris.

HAMLET.
    Cachez-moi vos douleurs.

OPHÉLIE.
Et sur qui, juste ciel ! verses-tu donc ces pleurs ?

HAMLET.
Sur nous.

OPHÉLIE.
 Eh, quoi ton cœur…

HAMLET.
     Il t'adore sans doute. 1025
Vois-y l'affreux combat que mon devoir me coûte ;
Vois-y l'amour plaintif, indigné, furieux,
Balancer et ma haine et mon père et les dieux,
Ces dieux qui m'ont parlé, ces dieux dont la puissance
Charge un simple mortel du soin de leur vengeance.[167] 1030
J'ai voulu cependant, les accusant d'erreur,
Courir à tes genoux abjurer ma fureur.
Une effroyable voix, me rendant ma colère,
M'a crié tout à coup : « as-tu vengé ton père ? »
Je tirais ce poignard, l'amour m'a retenu : 1035
Ce ciel[168] enfin l'emporte, et l'instant est venu.

---

[166] MS267 : 'H̶é̶l̶a̶s̶!̶ Ah dieux!'.
[167] MS267 adds : 'P̶u̶i̶s̶q̶u̶'̶i̶l̶ ̶l̶e̶ ̶f̶a̶u̶t̶ ̶e̶n̶f̶i̶n̶,̶ ̶q̶u̶'̶i̶l̶s̶ ̶d̶i̶s̶p̶o̶s̶e̶n̶t̶ ̶d̶e̶ ̶m̶o̶i̶.̶ | I̶l̶s̶ ̶o̶n̶t̶ ̶a̶r̶m̶é̶ ̶m̶o̶n̶ ̶b̶r̶a̶s̶,̶ ̶i̶l̶s̶ ̶m̶'̶o̶n̶t̶ ̶d̶i̶c̶t̶é̶ ̶l̶e̶u̶r̶ ̶l̶o̶i̶.̶ | C̶'̶e̶s̶t̶ ̶à̶ ̶m̶o̶i̶ ̶d̶e̶ ̶l̶'̶e̶n̶t̶e̶n̶d̶r̶e̶,̶ ̶e̶t̶ ̶j̶e̶ ̶n̶e̶ ̶p̶u̶i̶s̶ ̶s̶a̶n̶s̶ ̶c̶r̶i̶m̶e̶ | N̶i̶ ̶d̶o̶u̶t̶e̶r̶ ̶d̶e̶ ̶l̶'̶a̶r̶r̶ê̶t̶,̶ ̶n̶i̶ ̶s̶a̶u̶v̶e̶r̶ ̶l̶e̶u̶r̶ ̶v̶i̶c̶t̶i̶m̶e̶.̶'.
[168] MS267 first gives 'L̶e̶ ̶c̶i̶e̶l̶', but also one or two other (illegible, crossed-out) alternatives before deciding on 'Ce ciel'.

Moi-même en mes transports j'ai peine à me connaître,
Sous un bras tout-puissant je sens trembler mon être;
Je vois avec horreur ces malheureuses mains
Qui vont du ciel sans doute accomplir les desseins.[169]   1040
Enfin mon père est mort, il faut que je le venge.
Un si saint mouvement n'admet point de mélange.
Nous pouvons l'un et l'autre éteindre notre amour;
Mais à mon père, hélas! qui peut rendre le jour?
Une semblable plaie est à jamais saignante;   1045
On remplace un ami, son épouse, une amante;
Mais un vertueux père est un bien précieux
Qu'on ne tient qu'une fois de la bonté des dieux.[170]

OPHÉLIE.
Hamlet... écoute encor.[171]

HAMLET.
                        Je ne veux plus t'entendre;
De mon père en ces lieux j'entends gémir la cendre.   1050
Tes sanglots sur mon cœur n'ont que trop de pouvoir;
Ils ont presque un moment ébranlé mon devoir.
Tu peux pleurer enfin, je puis braver tes larmes.
Je vois tout ton amour, ta douleur et tes charmes;
Mais quand l'amour plus fort, enchaînant mon courroux,   1055
Aux autels, malgré moi, me rendrait ton époux,
Du pied de ces autels reprenant ma colère,
De cette main bientôt j'irais venger mon père,
Verser le sang du tien, t'en priver à mon tour,
Et servir la nature en outrageant l'amour.   1060

OPHÉLIE.
Ah! tu m'as fait[172] frémir. Va, tigre impitoyable,
Conserve, si tu peux, ta fureur implacable.
Mon devoir désormais m'est dicté par le tien;

---

[169] 1808 omits lines 1037-40. MS267 adds: 'J'envisage en pleurant les maux où je te livre. | À ton père immolé tu ne pourras survivre. | Car tel est mon devoir qu'en obtenant ta foi, | Je me rendrais indigne et du jour et de toi.'.
[170] According to the *Lettre*, lines 1047-48 produced great applause in the audience (*Lettre*, pp. 28-29). Diderot, conversely, says that 'Cela est d'une vérité si mathématique, qu'elle ne peut être qu'une platitude' (Diderot, '*Hamlet*', p. 476).
[171] *Sic*, for the scansion.
[172] 1770A, 1770C, 1776A, 1776B, 1778, 1783: 'tu m'as fais'. I have corrected this in line with later editions, although 1807(?)'s 'tu me fais' might seem more appropriate.

Tu cours venger ton père, et moi sauver le mien.[173]
Je ne le quitte plus. De tes desseins instruite, 1065
Je vais l'en informer, m'attacher à sa suite,
Jusqu'au dernier soupir lui prêter mon appui,
Et s'il meurt, l'embrasser, et périr près de lui.[174]
Que dis-je? Au même instant s'il veut choisir un gendre,
Je prendrai pour époux qui l'osera défendre. 1070
Qu'il t'immole, il suffit; il est digne de moi.
Voilà sous quel serment je recevrai sa foi.
Ce sont là les devoirs, ingrat, que tu m'imposes.
Hamlet, songe un moment aux maux où tu m'exposes.
Il faudra donc, grands dieux! pour prévenir tes coups, 1075
Que j'arme contre toi la main de mon époux;
À t'immoler par lui que je mette ma gloire,
Que j'attende, en tremblant, sa mort ou sa victoire:
Et s'il triomphe, hélas! s'il te perce le sein,
Que ce cœur soit forcé d'aimer ton assassin.[175] 1080
Non, je ne croirai point qu'Hamlet impitoyable
Nourrisse avec plaisir un transport si coupable.
Le temps, l'amour, le ciel vont bientôt t'éclairer.
Ou si de ton erreur rien ne peut te tirer,
Je n'entends plus alors, à te perdre enhardie, 1085
Que l'intérêt du sang qui m'a donné la vie.

SCÈNE III.
HAMLET, *seul*.

Ah! je respire enfin, je n'ai donc plus d'amour.[176]
Je puis à ma fureur me livrer sans retour.
    (*En regardant l'urne.*)[177]

---

[173] 1808 replaces the rest of this act with the couplet: 'Que dis-je? Au même instant il veut choisir un genre, | Je prendrai pour époux qui l'osera défendre'. Much of this scene — both the underlying structure and certain formulations — echoes Corneille's Le Cid. See Introduction, p. 10.

[174] 1807(?) and 1808 omit lines 1065–69.

[175] Ophélie's predicament loosely echoes that of some of Corneille's heroines. Chimène is duty-bound to accept whoever emerges triumphant in the duel between her own champion and Rodrigue — in other words, 'l'objet de ma haine, ou de tant de colère! | L'assassin de Rodrigue, ou celui de mon père!' (*Le Cid*, v. 4. 1667–68). His Sabine also feels horrified at being forced to have her brothers' murderer as a husband (*Horace*, v. 3. 1615–16). See Pierre Corneille, *Œuvres complètes*, ed. by Georges Couton, 3 vols (Gallimard, Pléiade, 1980–87).

[176] The *Lettre* takes Hamlet at his word here, claiming that this line proves that 'il ne l'aime presque point' (*Lettre*, p. 30). 1807(?) and 1808 replace this with 'j'ai bravé mon amour'.

[177] MS267: '(*Il va prendre l'urne.*) (*La regardant.*)'.

Gage de mes serments, urne terrible et sainte
Que j'invoque en pleurant, que j'embrasse avec crainte, 1090
C'est à vous d'affermir mon bras prêt à frapper.
Barbare Claudius, ne crois pas m'échapper.[178]
Mais quand j'aurai cent fois ma vengeance assouvie,
Est-il en mon pouvoir de te rendre la vie,
Mon trop malheureux père? Ah! prince infortuné, 1095
Ou pourquoi n'es-tu plus, ou pourquoi suis-je né?[179]
Eh, quoi! ton noble aspect, ton auguste visage,
Au moment du forfait n'ont point fléchi leur rage?
Les cruels... ils ont pu... tu ne jouiras pas,
Perfide empoisonneur, du fruit de son trépas.[180] 1100
Je crois déjà, je crois, dans ma vengeance avide,
Presser ton cœur sanglant dans ton sein parricide.
Oui, perfide, oui, cruel; ces mains vont t'immoler:
Voici l'autel terrible où ton sang va couler,
Mais de mon père, ô ciel! je sens frémir la cendre. 1105
Mes transports jusqu'à lui se sont-ils fait entendre?
Ô poudre des tombeaux, qui vous vient agiter?
Est-ce pour m'affermir, ou pour m'épouvanter?[181]
Cendre plaintive et chère, oui, j'entends ton murmure:
Oui, ce poignard sanglant va laver ton injure; 1110
C'était pour te venger que j'ai souffert le jour.
C'en est fait, je te venge, et je meurs à mon tour.
Mais que vois-je?

---

[178] MS267 gives, after this line: 'Je crois déjà, je crois, dans ma vengeance avide, | Presser ton cœur sanglant dans ton sein parricide. | Ah! pour couler deux fois si son sang répandu | À ses veines encor pouvait être rendu!'. The first couplet deleted in the MS reappears below (lines 1101–02).
[179] MS287: 'Qui m'ôtera jamais un souvenir si tendre? | Qui tarira les pleurs que je dois à ta cendre? | (Montrant l'urne.) Tu vivrais, te voilà. Deux monstres, conjurés, | Ont fait couler la mort dans tes flancs déchirés.'.
[180] MS267: 'Tendre et sacré devoir, noble et juste [illegible] | Vous vous [illegible] enfin mon âme toute entière. | Ma victime est ici, ce fer va l'immoler | (Montrant l'urne.) | Voici l'autel terrible où son sang va couler'. Lines 1107–10, which replace these lines, are possibly an echo (albeit in the negative) of Hamlet's 'Jouis, cruel! Jouis de ma prétendue ignorance! Goûte en paix le fruit de ton crime, en attendant le coup, que ma main te prépare...' (LP, I. 12, pp. 319–20). These lines are largely La Place's invention, replacing Shakespeare's 'Meet it is I set it down | That one may smile and smile and be a villain — | At least I am sure it may be so in Denmark. | So, uncle, there you are. Now to my word' (S, I. 5. 107–10).
[181] 1807(?) and 1808 omit lines 1101–08.

SCÈNE IV.[182]
HAMLET, GERTRUDE.

GERTRUDE.
    Ah! mon fils! quel est ce front terrible,
Ce regard menaçant, cet air farouche, horrible?[183]

HAMLET.
Ma mère...

GERTRUDE.
   Explique-toi.

HAMLET.
       Tremblez de m'approcher.   1115

GERTRUDE.
Qui? Moi![184]

HAMLET.
   Ce n'est pas vous qui devez me chercher.

GERTRUDE.
Que dis-tu?

HAMLET.
   Savez-vous quel affreux sacrifice
Prescrit à mon devoir la céleste justice?

GERTRUDE.
Dieux!

HAMLET.
   Où mon père est-il?[185] D'où part la trahison?
Qui forma le complot? Qui versa le poison?   1120

---

[182] This scene was almost universally recognised as the emotional and dramatic high point of the play. The *Lettre* calls Ducis's innovative use of the urn as 'assez bon', but deems the scene as a whole 'réellement théâtrale' (*Lettre*, p. 26). Diderot calls this 'une belle scène', worthy of Voltaire and Crébillon (Diderot, '*Hamlet*', p. 475).

[183] 1807(?) and 1808 replace 'terrible' and 'horrible' with 'sévère' and 'austère' respectively.

[184] Note how the weak internal rhyme of 'toi' and 'moi' exacerbates the disruption of the alexandrine.

[185] 'Où mon père est-il? est sublime: les cheveux m'ont dressé sur la tête pour la reine, à cette question si simple et si frappante' (*Lettre*, p. 26). The author of the *Lettre* wishes, though, that Hamlet had paused at this moment to assess his mother's demeanour rather than barraging her with more questions (*Lettre*, p. 27).

GERTRUDE.
Mon fils!

HAMLET.
   Vous avez cru qu'un éternel silence
Dans la nuit des tombeaux retiendrait la vengeance;
Elle est sortie.

GERTRUDE.
    Ô ciel!

HAMLET.
     J'ai vu…

GERTRUDE.
      Qui?

HAMLET.
       Votre époux.

GERTRUDE.
Qu'exige-t-il?

HAMLET.
   Du sang.

GERTRUDE.
     Qui l'a fait périr?

HAMLET.
       Vous.

GERTRUDE.
Moi! j'aurais pu commettre une action si noire!   1125

HAMLET.
Démentez donc le ciel qui me force à le croire.
Son instant est venu.

GERTRUDE.
    Vous oseriez penser?…

HAMLET.
De ce fer à vos yeux je voudrais me percer,
Si d'un pareil soupçon la plus faible apparence[186]
Un moment dans mon cœur avait pris sa naissance;   1130
Mais c'est le ciel qui parle, il doit être écouté.

---

[186] MS267: 'S̶i̶ ̶c̶e̶t̶ ̶a̶f̶f̶r̶e̶u̶x̶ ̶s̶o̶u̶p̶ç̶o̶n̶ ̶d̶o̶n̶t̶ ̶v̶o̶t̶r̶e̶ ̶o̶r̶g̶u̶e̶i̶l̶ ̶s̶'̶o̶f̶f̶e̶n̶s̶e̶'.

Deux fois[187] du sein des morts, à mes yeux présenté,
Mon père a fait monter la vérité terrible.
Ne traitez point d'erreur ce qui semble impossible.
Pour vous juger coupable il a fallu deux fois 1135
Que la mort étonnée ait suspendu ses lois.
Vous me croyez trompé par mes esprits timides.
Mais si des dieux partout l'œil suit les parricides,
Si d'eux, morts ou vivants, nous dépendons toujours,[188]
Qui nous dit qu'à leur voix les monuments sont sourds?[189] 1140
Et qui connaît du ciel jusqu'où va la puissance?
En vain le meurtrier croit braver la vengeance:
Par un signe éclatant s'il faut le découvrir,
Ces marbres vont parler, les tombeaux vont s'ouvrir;
Il verra tout à coup, pour lui prouver son crime, 1145
Du cercueil ébranlé s'échapper sa victime;
Et ce flambeau du jour allumé par les dieux,
Ils n'ont qu'à dire un mot, va pâlir à nos yeux.
Vous vous troublez, madame!

GERTRUDE.
                      Eh! puis-je, hélas! t'entendre,
Sans céder à l'effroi qui vient de me surprendre? 1150
Ah! laisse-moi, mon fils; ou ce comble d'horreur...

HAMLET.
Dans un cœur innocent d'où naît cette terreur?

GERTRUDE.
Comment ne pas frémir quand ta voix effrayante...

HAMLET.
Forcez donc mes soupçons à vous croire innocente.

GERTRUDE.
Que faut-il faire?

HAMLET.
          Il faut... c'est à vous de songer 1155
Par quel nouveau serment je vais vous engager.

---

[187] In fact, the Ghost has appeared to Hamlet at least three times: twice at night, and once in each of Acts II and III (although its appearance in Act II might be the tail end of its second night-time visitation).
[188] MS267: '(*Regardant l'urne du coin de l'œil*)'.
[189] MS267: lines 1140–53 are later additions stuck over the original text.

GERTRUDE.
Parle.

HAMLET (*Il lui présente l'urne*).¹⁹⁰
    Prenez cette urne, et jurez-moi sur elle:
« Non, ta mère, mon fils, ne fut point criminelle. »
L'osez-vous? je vous crois.

GERTRUDE.
                   Donne:

HAMLET.
                        Vous hésitez.

GERTRUDE.
Ah! pardonne à mes sens encor trop agités…   1160

HAMLET.
Attestez maintenant…
    (*Il lui met l'urne entre les mains.*)¹⁹¹

GERTRUDE.
               Eh bien… oui… moi… j'atteste…
Je ne puis plus souffrir un objet si funeste.
    (*Elle tombe sans connaissance sur un fauteuil. Hamlet place l'urne sur une table qui est à côté du fauteuil.*¹⁹²)

HAMLET.
Ma mère!

GERTRUDE.
    Je me meurs!

HAMLET.
            Ah! revenez à vous,
Voyez un fils en pleurs embrasser vos genoux:
Ne désespérez point de la bonté céleste.   1165
Rien n'est perdu pour vous, si le remords vous reste.
Votre crime est énorme, exécrable, odieux;
Mais il n'est pas plus grand que la bonté des dieux.
Chère ombre, enfin tes vœux n'ont plus rien à prétendre;¹⁹³

---

¹⁹⁰ MS267: '(*Il lui appuie l'urne sur la poitrine.*)'.
¹⁹¹ MS267: '(*Lui mettant l'urne entre les mains.*)'.
¹⁹² MS267: this second sentence is missing. 1807(?) omits '*qui est*'.
¹⁹³ Although the Ghost shortly makes itself audible in MS267 (see Appendix C), it is not clear whether it is ever actually visible to Hamlet in this scene. His address to it here might

84   JEAN-FRANÇOIS DUCIS

L'excès de ses douleurs doit apaiser ta cendre.   1170
Tu la vois dans mes bras, elle est prête à périr:
Ses remords sont trop grands pour ne pas t'attendrir.
Pardonne, ou s'il te faut un sanglant sacrifice,
Je vais t'offrir fumant le cœur de son complice.[194]

SCÈNE V.
HAMLET, GERTRUDE, NORCESTE.

NORCESTE.
Seigneur Claudius vient, il porte ici ses pas.   1175

HAMLET.
Qu'il paraisse.[195]

SCÈNE VI.
HAMLET, GERTRUDE.[196]

GERTRUDE, *toute éperdue*.
   Un moment…
  (*Se mettant au-devant d'Hamlet*.)
    mon fils…
 (*Le bras tendu pour repousser Claudius qu'on ne voit pas*.)
     n'avancez pas.[197]
Dans cet appartement, gardes, qu'on le retienne.

HAMLET.
Ah! je respire enfin. Ma vengeance est certaine.
C'est le ciel sous mes coups qui l'amène aujourd'hui.

GERTRUDE.
Que la pitié te touche.

---

be a case of rhetorical apostrophe, while his upcoming allusion to 'cette ombre menaçante' (IV. 5. 1181) might be merely a threat to a woman he knows cannot see it.

[194] In MS267, lines 1171–74 have been fenced off as if for deletion, but the word 'Bon' has been written in the margin (these lines would, however, be omitted from the nineteenth-century editions: see Appendices).

[195] MS267: '(*Norceste sort aussitôt*.)'.

[196] MS265: 'GERTRUDE, HAMLET'.

[197] 1770A and 1776B list, somewhat clumsily, all three stage directions one after the other, each individually surrounded by brackets, followed by line 1176 run along as a single line of text. For ease of reading, I have paired each of the stage directions up with the corresponding part of Gertrude's line. 1770C, 1771, 1776A, 1778, and 1807(?) run them all together into continuous one stage direction.

HAMLET.
            Il n'en est plus pour lui.¹⁹⁸   1180

GERTRUDE.
Mon fils!

HAMLET.
    Craignez qu'ici cette ombre menaçante
Ne vienne raffermir ma fureur chancelante.
Fuyez, sortez, vous dis-je: ou plutôt je vous fuis
Je crains tout de moi-même en l'état où je suis.¹⁹⁹

ACTE V.
SCÈNE PREMIÈRE.
CLAUDIUS, *seul*.²⁰⁰

(*L'action se passe dans la nuit.*)
Oui, la reine d'un fils approuvant la fureur,   1185
Ne me regardait plus qu'avec un œil d'horreur;
J'ai prévu mes périls, ma perte était certaine;
Je ne crains plus enfin ses complots et sa haine.
    (*Regardant au fond du théâtre la chambre d'où il est sorti pour entrer
    sur la scène.*)
Dans cet appartement loin du bruit écarté,
Au jour pâle et tremblant d'une faible clarté,   1190
J'ai seul, de ce poignard, immolé ma victime:

---

¹⁹⁸ At this point 1770 diverges from MS267; for the original ending of this act, see Appendix C. 1778, 1807(?) and 1808 replace lines 1181–82 with a longer exchange. Both start thus: 'GERTRUDE. Mon fils! | HAMLET. (*Le spectre reparaît.*) La voyez-vous, cette ombre menaçante, | Qui vient pour affermir ma fureur chancelante? | GERTRUDE. Où suis-je? | HAMLET, *s'adressant au spectre.* Oui, je t'entends: tu vas être obéi. | Oui, tous deux dans leur sang… (*À sa mère.*) Que faites-vous ici? | GERTRUDE. Grands dieux! HAMLET. Savez-vous bien qu'en ce désordre extrême | Je puis, dans cet instant, attenter sur vous-même?'. At this point 1778 curiously follows the MS267 script until the end of the act, including the Ghost's audible 'Frappe'; see Appendix C. 1807(?) and 1808 continues thus: 'GERTRUDE, *se laissant tomber aux pieds d'Hamlet.* Ah, ciel! HAMLET. Qu'ordonnes-tu? de frapper? j'obéis. | Mon père, tu la vois, grâce!… je suis son fils. | GERTRUDE, *en se relevant.* Mon fils! HAMLET. Eh bien! ma mère… Ah! dieux!… mon cœur peut-être, | D'un transport renaissant ne serait plus le maître.'
¹⁹⁹ 1770A, 1770C, 1776A, and 1776B all offer the ending of Act IV (see Appendix C) as a variant at this point.
²⁰⁰ This opening monologue, in which the villain reveals that he has just committed murder and will kill again to possess the throne, may have been inspired by the equivalent scene of Corneille's *Rodogune* (1645).

Qu'elle aille à son époux conter mon nouveau crime.
 Et toi, jeune insensé, de qui l'emportement
A fait suspendre encor le vain couronnement,
Lorsque ton corps sans force au repos s'abandonne,   1195
Va chercher aux enfers ton sceptre et ta couronne.
 Déjà mes conjurés occupent ce palais,
D'avance à tout secours j'en ai fermé l'accès:
Nul doute, nul soupçon n'a prévenu Norceste,
Tandis qu'Hamlet plongé dans un sommeil funeste,   1200
Croit qu'en fuyant ces lieux j'échappe à son courroux;
Qu'il sente ma présence, expirant sous mes coups:
Mais qui marche à pas lents sous ces voûtes funèbres?

SCÈNE II.
CLAUDIUS, OPHÉLIE.

OPHÉLIE.
Ô mon père!

CLAUDIUS.
    Est-ce vous? Dans l'horreur des ténèbres!
Vous, ma fille!

OPHÉLIE.
    Ah, seigneur… eh quoi vous ignorez   1205
Les périls menaçants où vos jours sont livrés?
Avant de succomber à sa langueur mortelle,
Hamlet vient d'ordonner qu'une troupe[201] cruelle
S'oppose à votre fuite et s'attache à vos pas.

CLAUDIUS.
Que prétend son courroux?

OPHÉLIE.
    C'est trop peu du trépas.   1210
Son injuste rigueur vous dévoue aux supplices.

CLAUDIUS.
Qui? Lui!

OPHÉLIE.
    Tremblez, seigneur. Dans ses sanglants caprices
Un roi, quoi qu'il ordonne, est sûr d'être obéi.

---

[201] Some copies of 1770A give 'foule', showing that there are two states of this edition.

CLAUDIUS.
Qui crois-tu de nous deux qui doit trembler ici?

OPHÉLIE.
N'a-t-il pas dans ses mains la suprême puissance?   1215

CLAUDIUS.
Mais si dans un péril j'implorais ta défense,
Et qu'entre l'un ou l'autre il te fallut opter,
Qui préférerais-tu?

OPHÉLIE.
                Pouvez-vous en douter?
Je sens que pour sauver une tête si chère,
Je mettrais mon bonheur à mourir pour mon père.   1220

CLAUDIUS.
Rien n'affaiblira-t-il ce juste sentiment?

OPHÉLIE.
Ah! j'en jure à vos pieds (recevez mon serment).
Oui, votre volonté, votre pouvoir suprême
Ne m'est pas moins sacré que la voix des dieux même,
Et je prends tous ces dieux à témoins de ma foi   1225
Que vous seul en tout temps vous serez tout pour moi.

CLAUDIUS.
Pour Hamlet cependant je connais ta tendresse;
Tu l'aimes!

OPHÉLIE.
          Oui, seigneur, oui, je vous le confesse,
Mon cœur plein de ses feux, dans son pénible ennui,
Le préfère à moi-même, et vous préfère à lui.   1230

CLAUDIUS.
Tu n'as donc pu toucher cet amant insensible?

OPHÉLIE.
Mes pleurs n'ont rien produit sur son âme inflexible.
La paix n'entrera point dans son esprit troublé
Que sous les coups, hélas! votre sang n'ait coulé.

CLAUDIUS.
Va, c'est le sien qu'ici je dois bientôt répandre: 1235
Mes conjurés sont prêts.

OPHÉLIE.
                    Dieux! que viens-je d'entendre?

CLAUDIUS.
Tu frémis!

OPHÉLIE.
            Vous pourriez!... mon père!...

CLAUDIUS.
                                Laisse-moi.
Que dois-je à ce cruel? Que m'est-il?

OPHÉLIE.
                                    Votre roi.
Barbare, avez-vous pu concevoir un tel crime
Sans frémir d'épouvante au nom de la victime? 1240
Vous allez immoler, qui? votre souverain,
Dans son propre palais, ici, de votre main,
Lorsqu'il est sans secours...

CLAUDIUS.
                    Quoi! ma fille...

OPHÉLIE.
                            Oui, mon père,
C'est par ce nom sacré que j'ose, que j'espère
Détromper votre haine et vous désabuser. 1245
    Songez-vous aux malheurs que vous allez causer?
Vous ôtez à l'État un roi digne de l'être,
Un roi que tout son peuple aurait choisi pour maître,
Un roi que ses sujets, dans leur juste courroux,
Au prix de tout leur sang défendraient contre vous. 1250
Et vous que la naissance attache à sa personne;
Qui brillez près de lui de l'éclat qu'il vous donne;
Qui ne possédez rien, grandeur, richesse, appui,
Que ces biens, ces honneurs ne viennent tous de lui,
Vous l'assassineriez![202] Non, je ne puis le croire: 1255
Non, mon père à ce point n'a pas souillé sa gloire:
Non, pour oser remplir cet horrible dessein,
Il faudrait qu'avant tout il m'eût percé le sein.[203]
Eh, quel appas, seigneur, a donc pu vous séduire?
Croyez-vous être heureux par l'éclat d'un empire? 1260

---

[202] MS265: 'détrôneriez'.
[203] MS265 leaps from here to line 1287.

Quel bonheur vous suivra sur un trône usurpé
Que du sang de vos rois vous-même aurez trempé?
Votre fureur à peine aura commis ce crime,
Que le remords en vous saisira sa victime;
Vos yeux ne pourront plus, encor pleins de terreur, 1265
Sur vos coupables mains se tourner sans horreur.
Combien plus juste alors et détestant la vie,
Au sort même d'Hamlet vous porterez envie!
La mer à votre fuite ouvre encor ses chemins.
Quittons ces lieux, seigneur; allons, loin des humains, 1270
Chercher au sein des flots quelques rochers sauvages;
Près de vous sans frémir j'entendrai les orages:
Oui, seigneur, je l'espère (il y faut consentir);
J'arracherai de vous un heureux repentir.
Ne délibérez plus. Si votre main perfide 1275
S'obstine à consommer cet affreux parricide,
Vos poignards sont-ils prêts? rien ne peut m'effrayer,
C'est sur ce sein, c'est là qu'il les faut essayer.
Cessez d'être coupable, ou m'immolez sur l'heure.
Attachée à vos pieds, malgré vous, j'y demeure; 1280
Je ne les quitte pas[204] que ce cœur combattu
N'ait détesté son crime et repris sa vertu.

CLAUDIUS.
Quelle indigne pitié te saisit et t'égare?
Me verras-tu tomber sous les coups d'un barbare?
Qu'ont obtenu d'Hamlet tes larmes, tes douleurs? 1285
À qui veut mon trépas peux-tu donner des pleurs?
C'est ta flamme à son sort qui te rend si sensible,
Tous tes efforts sont vains, ma haine est inflexible
De sa trop juste mort j'ai réglé les moments;
Laisse-là ton amour, et songe à tes serments. 1290

OPHÉLIE.
Mes serments: que[205] sont-ils? Répondez, je vous prie.
Étaient-ils de trahir mon prince et ma patrie,
D'approuver vos fureurs, de souffrir sans courroux
Qu'au sein de votre roi vous enfonciez vos coups?
Qui s'apprête à commettre une action si noire,[206] 1295
S'il réclame un serment, n'est pas fait pour y croire.

---

[204] MS265: 'point'.
[205] 1770A, B, C, 1776A, 1776B, 1778: 'qui'; I have corrected this. 1771: 'quels'.
[206] This hemistich repeats line 1125.

Avez-vous pu douter qu'il ne doive à jamais
Garantir des vertus et non pas des forfaits?
Je conçois aisément le trouble où je vous jette;
C'est à moi, s'il se peut, d'être fille et sujette. 1300
J'en connais les devoirs. Adieu, seigneur.

CLAUDIUS.
       Eh, quoi,
Tu trahirais ensemble et ton père et ta foi?

OPHÉLIE.
Je ne vous réponds plus.

CLAUDIUS.
      Arrête, malheureuse;
Arrête; si tu sors, ta mort n'est pas douteuse.

OPHÉLIE.
Seigneur, j'obéirai. Dissipez vos terreurs, 1305
D'Hamlet en ce moment je conçois les fureurs;
Il veut venger son père, une ombre ici l'exige,
C'est du ciel, je le vois, que part un tel prodige.
Je n'ai plus qu'à mourir.

SCÈNE III.
CLAUDIUS, OPHÉLIE, POLONIUS, *suivi de deux conjurés.*

POLONIUS.
     Seigneur, tous vos amis
Brûlant d'exécuter ce qu'ils vous ont promis... 1310
Votre fille avec vous!

CLAUDIUS.
 (*Aux deux conjurés qui accompagnent Polonius.*)
     Allez, qu'on la ramène,[207]
Et qu'une garde sûre ici près la retienne.

SCÈNE IV.
CLAUDIUS, POLONIUS.

CLAUDIUS.
Que viens-tu m'annoncer?

POLONIUS.
    Seigneur, en ce moment,

---

[207] 1770A, 1770B, 1770C, 1776B: 'remene'; I have amended this.

Hamlet, dit-on, est seul en son appartement.
Mais vous le savez trop: il est plus d'une issue 1315
Par où sa fuite adroite, et sans être aperçue,
Peut aisément la nuit le soustraire à nos coups.
Agissons, il est temps. Si jamais contre vous
Le vigilant Norceste a le plus faible indice,
Le prince nous échappe, on nous livre au supplice. 1320
Vos conjurés d'abord, tremblants, déconcertés,
Sans murmure et sans bruit, seront tous arrêtés.
Ôtez-leur, croyez-moi, quand l'instant les anime,
Le loisir de penser à la grandeur du crime.
Hâtons-nous, tout est prêt, le temps est précieux, 1325
Et leur troupe bientôt va me suivre en ces lieux.

CLAUDIUS.
Des autres conjurés redoutant l'inconstance,
Je veux les rassurer ici par ma présence.
Va, ne perds point de temps.

SCÈNE V.
CLAUDIUS, *seul*.

     Enfin je vais régner,
Mes mains au sang d'Hamlet vont enfin se baigner. 1330
Je ne l'entendrai plus dans ses obscurs reproches
De ce spectre vengeur conjurer les approches.
Si son père, en effet, revient s'offrir à lui,
Qu'il s'oppose à nos coups, qu'il lui serve d'appui.
Mais pourquoi m'occuper d'une erreur si visible? 1335
Ô nuit! Temps de forfaits, nuit profonde et terrible,
Épaissis sous ces murs tes voiles ténébreux![208]
J'aime à voir ton horreur; ce moment dangereux
Me fait monter au trône ou m'envoie aux supplices;
Couvre bien mes projets, affermis mes complices; 1340
Livre-leur ma victime, et prêts à l'immoler,
Cache même à leurs bras le sang qui va couler.
Qu'entends-je? Ah si déjà leur vive impatience
Avait porté les coups, m'avait servi d'avance.
Ah, cher Polonius! je t'entends, est-ce toi? 1345

---

[208] Possibly an echo of Shakespeare's Lady Macbeth's 'Come, thick night…' (I. 5), rendered by La Place as 'Et toi, nuit que j'attends, à tes ombres funèbres, | Joins ce que les enfers ont d'épaisses ténèbres; | Dérobe à l'univers, aux cieux, même à mon bras, | L'horreur d'un attentat, dont je ne frémis pas!' (*Macbeth*, I. 7, in La Place, *Théâtre anglois*, II, p. 434).

Viens, approche, marchons: voici l'instant.

SCÈNE VI.
HAMLET, CLAUDIUS.

HAMLET.
        C'est moi.

CLAUDIUS.
Vous, seigneur, en ces lieux! Sans escorte! À cette heure!
Quel chagrin vous poursuit? Permettez…

HAMLET.
          Non, demeure.
Je connais tes desseins, et je viens t'en parler.

CLAUDIUS.
De quoi m'accusez-vous?

HAMLET.
      Réponds sans te troubler: 1350
Comme moi, si tu peux, garde un esprit tranquille.
Que crains-tu? je suis seul, et ma perte est facile.
Père, amante, bonheur, par toi j'ai tout perdu.[209]
Sur ma tête à l'instant le glaive est suspendu.
Tout est réglé: tes soins ont éloigné Norceste.   1355
Mes gardes sont séduits, nul secours ne me reste;
Mais j'ai pu t'approcher, c'est à toi de frémir.

CLAUDIUS.
Que veux-tu donc tenter, imprudent?

HAMLET.
        Te punir.

CLAUDIUS.
Me punir! de ton sort c'est moi seul qui dispose,
Et dans l'instant…

HAMLET.
     Je sais ce que tu te propose.[210]   1360
Mais de tes vils complots quel peut être le fruit?
Tremble, barbare: un dieu me parle et me conduit.

---

[209] An echo of Racine's Œnone: 'Mon pays, mes enfants, pour vous j'ai tout quitté' (I. 3. 235). Jean Racine, Œuvres complètes, I: Théâtre-Poésie, ed. by Georges Forestier (Gallimard, Pléiade, 1999).
[210] *Sic*, for the visual rhyme.

Pour venir jusqu'à toi, cachés dans la nuit sombre,
De mon père en ces lieux mes pas ont suivi l'ombre.
Voici le lieu funeste où ce père adoré 1365
But le poison mortel par tes mains préparé,
C'est là que devant lui, pour remplir ma parole
À ses mânes sanglants il veut que je t'immole.
Frémis, il est présent.

CLAUDIUS.
      Tranchons ces vains discours,
Et vois qui de nous deux doit trembler pour ses jours. 1370
On vient. Nous jugerons si ce dieu qui t'éclaire
Sauvera mieux le fils, qu'il n'a sauvé la mère.
Vois-tu ce corps sanglant?
  (*Il ouvre la porte de la chambre qui est au fond du théâtre, on y*
  découvre le corps sanglant de Gertrude à la clarté d'une lampe.)

HAMLET.
     Dieux!

CLAUDIUS.
       Venez, mes amis;
Répandez à mes yeux le sang qui m'est promis.
  (*Des conjurés en ce moment entrent de tous côtés sur la scène, et fondent*
  sur Hamlet l'épée à la main.)

HAMLET.
  (*Tuant Claudius d'un coup de poignard.*)
Meurs toi-même, barbare.
  (*S'adressant aux conjurés.*)
      Et vous, amis d'un traître; 1375
Frappez, si vous l'osez, immolez votre maître.
  (*Montrant le corps de Claudius.*)
Que ce corps expirant étendu sous vos yeux
Vous montre en traits de sang la justice des dieux:
Et ne saviez-vous pas, quand une main perfide
Va lever sur les rois un poignard homicide, 1380
Qu'un génie[211] alarmé pour eux et leurs États
Ou veille sur leurs jours, ou venge leur trépas?
Rentrez dans le devoir, réparez votre offense.
  (*Montrant le corps de Claudius.*)
Ce coupable immolé suffit à ma vengeance.
Mon père est satisfait.

---

[211] Génie: a 'genius' or guardian spirit in ancient Rome.

SCÈNE VII ET DERNIÈRE.
HAMLET, OPHÉLIE, NORCESTE, SUITE D'OPHÉLIE ET DE NORCESTE.

OPHÉLIE.
      Ah! Seigneur, vous vivez.   1385
Ah! grâce pour mon père: oui, ses jours conservés
Vont d'un roi, d'un amant me prouver la tendresse.
Norceste et ses amis… mais quelle horreur me presse!
Vous pleurez… Claudius… seigneur, je veux le voir,
Je veux… ah! qu'as-tu fait, barbare?
  (*Voyant le corps de son père.*)

HAMLET.
      Mon devoir.   1390
Privé de tous les miens dans ce palais funeste,
Je t'adore et te perds. Ce poignard seul me reste.
Mais je suis homme et roi. Réservé pour souffrir,
Je saurai vivre encor; je fais plus que mourir.

FIN.

APPENDIX A: 1809 (II. 3–V. 8)

Variants taken from: MS265, 1807(?), 1808, 1813A, 1813B, 1815.

ACTE II.
SCÈNE III.
NORCESTE, seul.[1]

Mais d'où vient donc qu'Hamlet, dans sa sombre langueur,
À sa mère en secret n'a pas ouvert son cœur?
Sur le bruit répandu de la mort de son père,
Soudain pour le revoir j'ai quitté l'Angleterre,
Cette île où des complots, peut-être en ces moments   5
Vont amener le trouble et de grands changements.
Mais des ennuis d'Hamlet que faut-il que je pense?
Qui peut de ses transports aigrir la violence?
Son cœur est vertueux, il n'a pas dû changer.
Mais Claudius... La reine... ah! comment les juger?   10
Le soupçon dans les cours n'est que trop légitime;
C'est là qu'un grand secret n'est souvent qu'un grand crime.

SCÈNE IV.
NORCESTE, VOLTIMAND.

VOLTIMAND.[2]
N'avancez pas, seigneur: le prince furieux
De ses cris effrayants fait retentir ces lieux.
Jamais dans ses transports il ne fut plus terrible;   15
On dirait que d'un dieu la vengeance invisible
Pour quelque grand forfait l'accable et le poursuit.
Dans quel trouble mortel l'ai-je vu cette nuit!
Mes bras l'ont arrêté fuyant dans les ténèbres,
Tremblant, pâle, égaré, poussant des cris funèbres.   20
Dans l'état déplorable où le destin l'a mis,
Son œil peut-il encor distinguer ses amis!

NORCESTE.
N'importe, permettez...

---
[1] MS265: 'NORCESTE, *seul*'.
[2] 1813A, 1813B, 1815: '*sur le haut de la scène*'.

SCÈNE V.

HAMLET, NORCESTE, VOLTIMAND.

HAMLET, *dans la coulisse.*
     Fuis, spectre épouvantable,
Porte au fond des tombeaux ton aspect redoutable.

VOLTIMAND, *à Norceste.*[3]
Vous l'entendez.

HAMLET, *entrant précipitamment, et comme poursuivi par un fantôme.*[4]
     Eh quoi! Vous ne le voyez pas!   25
Il vole sur ma tête, il s'attache à mes pas:
Je me meurs.[5]

NORCESTE.
    Revenez d'une erreur si funeste;
Ouvrez les yeux, seigneur, reconnaissez Norceste,
Que sa tendre amitié conduit auprès de vous.

HAMLET.
Ah! Norceste, c'est toi! Que cet instant m'est doux![6]   30
Que pour moi, mon ami, ton retour a de charmes!

NORCESTE.
Ah! calmez, cher Hamlet, ces mortelles alarmes.
Quelle mélancolie, au printemps de vos jours,
Vers leur terme à grands pas précipite leur cours?
Je prends part aux regrets que la nature inspire;   35
C'est de la voix du sang le légitime empire;
Mais à ce saint devoir c'est donner trop de pleurs.

HAMLET.
Sur des bords étrangers, hélas! de mes malheurs,
Quoi, tu fus donc instruit?[7]

NORCESTE.
     Oui, cher prince.

---

[3] 1813A, 1813B, 1815: stage direction absent.
[4] MS265, 1813A, 1813B, 1815: stage direction absent.
[5] 1807(?), 1808: '(*Il tombe dans un fauteuil*)'.
[6] MS265, 1813A, 1813B, 1815 add these lines: 'Ô toi, le compagnon, l'ami de mon enfance, | Combien mon cœur troublé désirait ta présence! | Je sens qu'à ton aspect ce cœur moins agité | Retrouve un peu de force et de tranquillité.'
[7] MS265, 1813A, 1813B, 1815: 'Tu fus donc informé?'.

HAMLET.
                    Mon père,
Que du soleil encor ne voit-il la lumière!   40

NORCESTE.
Le temps, qui sait calmer les plus justes regrets,
Pourra peut-être enfin vous consoler.

HAMLET.
                    Jamais.
Rappelle-toi, Norceste, avec quelle tendresse
Ce père infortuné cultiva ma jeunesse!
J'étais loin de prévoir qu'un destin rigoureux   45
Dût sitôt pour jamais l'enlever à mes vœux.
Il n'est plus, et sa cendre à peine est recueillie,
Que son trépas s'efface, et que son nom s'oublie.
Lasse d'un deuil trop long, qui gênait ses désirs,
Je vois déjà ma cour revoler aux plaisirs: 50
Et moi dans ce palais, l'œil fixé sur la terre,
Je cherche encor les pas de mon malheureux père.
Mais toi, par quel bienfait, par quel heureux retour,
Le ciel t'a-t-il sitôt ramené dans ma cour?
Quand j'appris par tes soins la mort inattendue   55
Du roi que pleure encor l'Angleterre éperdue,
Mort, hélas! trop semblable au douloureux trépas
De mon malheureux père expiré dans mes bras,
J'ai cru que tes desseins te retiendraient encore
Éloigné pour longtemps de ces murs que j'abhorre.   60

NORCESTE.
Seigneur, au moment même où je vous ai mandé
Que le roi d'Angleterre, en son lit poignardé,[8]
Avait fini trop tôt son illustre carrière;
Quand le peuple, alarmé d'un si triste mystère,
Cherchait à pénétrer ces horribles secrets,   65
Avec soin retenu[9] dans les murs du palais;[10]
Quand nos mers vous portaient cette affreuse nouvelle,

---

[8] This death is Ducis's fabrication; no historical English kings died under these circumstances.
[9] 1808: 'Retenu avec soin'; 1813A, 1813B, 1815: 'Retenus avec soin'.
[10] MS265: Norceste's first six lines are: 'Seigneur, au moment même, et quand ces grands forfaits | Étaient encore caches dans les murs du palais, | Tremblant, je vous mandai que le roi d'Angleterre | Mourant victime, hélas! d'une épouse adultère, | Qu'un séducteur habile, en troublant sa raison, | Avait enfin forcé à verser le poison.'

Au bord[11] de la Tamise un récit trop fidèle
M'apprend que votre père avait fini ses jours:
Je crois que votre cour demande[12] mes secours; 70
Je revole[13] vers vous pour tâcher de suspendre
Ou d'essuyer les pleurs que vous deviez répandre.
Je m'attendais, sans doute, à vos justes regrets.
Mais comment expliquer ces lugubres accès,
Ce dégoût des humains,[14] cette pâleur mortelle, 75
Cette obstination d'un désespoir rebelle,
Qui ne veut, tout à coup,[15] ou morne, ou furieux,
Ni croire la raison, ni se soumettre aux dieux?
Est-ce là le tableau, la déplorable image,
Qu'Hamlet devait m'offrir sur ce triste rivage? 80
Cher prince, ah, mon ami! Si je plains vos douleurs,
Daignez me confier vos secrets et vos pleurs.

HAMLET.
Hé[16] bien! quand tu m'appris qu'une main meurtrière
Avait d'un parricide affligé l'Angleterre,
Lisant ta lettre encor, de cette horreur surpris, 85
Une clarté soudaine a frappé mes esprits.[17]
Me traçant le tableau d'une action si noire,
De mon père immolé tu me traçais l'histoire.
Je le vis succombant sous de pareils complots,
Que dis-je? Ici dans l'ombre, et troublant mon repos, 90
Mon père a reparu, poussant des cris funèbres.
La vérité terrible au milieu des ténèbres
Vient[18] ici m'apparaître, et passer son flambeau
Sur ces noirs attentats cachés dans le tombeau.[19]

NORCESTE.
Ah! n'allez pas, trompé par une erreur extrême... 95

[11] MS265, 1813A, 1813B, 1815: 'Aux bords'.
[12] MS265: 'J'ai cru que votre cœur demandait'.
[13] MS265: 'J'ai revolé'.
[14] See note 163, p. 74.
[15] 1813A, 1813B, 1815: 'tour à tour'.
[16] 1807(?): 'Hé'.
[17] In MS265, lines 83-86 are 'Eh bien! Quand tu m'appris qu'une reine perfide | Avait commis sans foudre un si noir parricide | C'est ce même récit, ce récit plein d'horreur | Qui produisit dès lors mon trouble et ma fureur.'
[18] 1813A, 1813B, 1815: 'Vint'.
[19] MS265: lines 89-94 are replaced with the following couplet: 'Et soudain le bandeau s'écartant de mes yeux, | Je vis tous les forfaits qu'on cachait dans ces lieux.'

HAMLET.
Les effets sont pareils quand la cause est la même.
Va, mon ami, crois-moi, j'ai toute ma raison:
Mon père en ce palais est mort par le poison.
Le ciel et les enfers m'en donnent l'assurance.[20]
Par un chemin sacré je marche à ma vengeance;   100
Et je ne lis partout, sur ces murs odieux,
Que les ordres sanglants que j'ai reçus des cieux.

NORCESTE.
De ces ordres, seigneur, quel est donc le mystère?
Sont-ils de vos ennuis la source involontaire?
Expliquez-vous enfin.[21]

HAMLET.
                Garde-toi d'accuser   105
Ce cœur d'être trop prompt peut-être à s'abuser.
Deux fois dans ce palais,[22] ami, j'ai vu mon père,
Non point le bras levé, respirant la colère;
Mais désolé, mais pâle, et dévorant des pleurs
Qu'arrachait de ses yeux l'excès de ses douleurs.   110
J'ai voulu lui parler: plein de l'horreur profonde
Qu'inspirait à mon cœur l'effroi d'un autre monde,
« Quel est ton sort? lui dis-je; apprends-moi quel tableau
« S'offre à l'homme étonné dans ce monde nouveau.
« Croirai-je de ces dieux que la main protectrice   115
« Par d'éternels tourments sur nous s'appesantisse? »
« Ô mon fils, m'a-t-il dit, ne m'interroge pas;
« Ces leçons du cercueil, ces secrets du trépas,
« Aux profanes mortels doivent être invisibles.
« Que du ciel sur les rois les arrêts sont terribles!   120
« Ah! s'il me permettait cet horrible entretien,
« La pâleur de mon front passerait sur le tien.

---

[20] Shakespeare's Hamlet also regards his mission as coming from both heaven and hell: 'Prompted to my revenge by heaven and hell' (S, II. 2. 519); this line has no equivalent in La Place, although it does occur in Pierre Letourneur, *Shakespeare, traduit de l'anglois*, 20 vols (Paris: Letourneur, Merigot, Valade, 1776–83), V (1779), II, 11 (p. 114).

[21] MS265: 'De ces ordres, seigneur, le terrible mystère | Est donc de vos ennuis la source involontaire? | Mais, prince, croyez-moi, par un prodige aisé, | Vos sens trop prévenus vous auront abusé. | Si l'un des deux trépas fut l'effet d'un grand crime, | L'autre a pu s'achever sans complot, sans victime, | Plus vous y croyez voir de rapport et d'horreur, | Plus votre esprit s'obstine à garder son erreur. | De là, tous ces transports, ces tristesses si sombres, | Ces spectres dans la nuit sortant du sein des ombres, | Ces accents de la mort…'.

[22] 1813A, 1813B, 1815: 'dans mon sommeil'.

« Nos mains se sécheraient en touchant la couronne,
« Si nous savions, mon fils, à quel titre il la donne.
« Vivant, du rang suprême on sent mal le fardeau: 125
« Mais qu'un sceptre est pesant quand on entre au tombeau! »

NORCESTE.
Grands dieux!

HAMLET.
               Ah![23] m'écriai-je, ombre chère et terrible,
Pourquoi des bords muets de ce monde invisible,
Confident des tombeaux, viens-tu m'entretenir,
Moi, qu'avec toi bientôt mes douleurs vont unir?[24]   130
« Ô mon fils!, m'a-t-il dit, je viens enfin t'apprendre
« Quel sang tu dois verser pour apaiser ma cendre:
« On croit qu'un mal cruel trancha soudain mes jours:
« Ainsi les noirs complots sont voilés dans les cours.
« Ta mère, qui l'eût dit? Oui, ta mère perfide   135
« Osa me présenter un poison parricide;
« L'infâme Claudius, du crime instigateur,
« Fut de ma mort surtout le complice et l'auteur. »
Il dit, et disparaît.

NORCESTE.
            Un tel discours, sans doute,
A dû troubler votre âme; et je conçois…

HAMLET.
                              Écoute,   140
Ne crois pas qu'à ces mots mon esprit éperdu
Sans de cruels combats se soit d'abord rendu;
J'ai résisté[25] longtemps. Ce ciel que je révère
A vu si, sans frémir, j'osai juger ma mère.
Sans cesse à l'excuser mon cœur ingénieux   145
Trouvait quelque plaisir à démentir les dieux.
Mais cette nuit enfin revenu plus terrible:
« Mon fils, m'a dit ce spectre, es-tu donc insensible?
« Aux douceurs du sommeil ton œil a pu céder,

---

[23] MS265, 1813A, 1813B, 1815: 'oh!'.
[24] MS265, 1813A, 1813B, 1815 add after this line, with the marginal note 'ad libitum': 'Ne laisse point sortir de tes lèvres glacées | Ces hauts secrets des dieux qui troublent nos pensées. | Hélas! pour t'obéir ai-je assez de vertu? | Je t'écoute en tremblant: réponds; que me veux-tu?'.
[25] MS265: 'Je résistais'. 1813A, 1813B, 1815: 'Je résistai'.

« Et ton père au cercueil[26] est encore à venger?[27] 150
« Prends un poignard; prends l'urne où ma cendre repose:
« Par des pleurs impuissants suffit-il qu'on l'arrose?
« Tire-la de sa tombe, et, courant m'apaiser,
« Frappe, et, fumante encor; reviens l'y déposer. »
Je m'éveille à ces cris: hélas! mon cher Norceste,[28] 155
Je me suis élancé hors de mon lit funeste;
Plein de l'objet affreux qui troublait mes esprits,
J'ai rempli ce palais d'épouvantables cris.
J'ai couru tout tremblant, faible, éperdu, sans suite.
Le spectre, à mes côtés, semblait presser ma fuite. 160
Cette ombre, ces forfaits, ce récit plein d'horreur,
Dans mon cœur expirant jette encor la terreur.

NORCESTE.
Sans doute mes récits, égarant vos pensées,
Ont produit ces erreurs dans le sommeil tracées.
Un roi meurt par un crime; et pourquoi pensez-vous 165
Que votre père est mort par de semblables coups?
Plus votre esprit, le jour, s'attache à ces[29] mensonges,
Plus leur aspect, la nuit, vient consterner vos songes.
De là ces visions, ce spectre, ces accents,
Déplorables effets du trouble de vos sens. 170
Il faudra donc enfin, sur une vaine image
Qu'aurait dû loin de vous chasser votre courage,[30]
Qu'un prince, qu'une mère, immolés par vos coups...

HAMLET.
Ah! c'est[31] ce qui me trouble et retient mon courroux.
J'enhardis, en tremblant, mon âme encor flottante, 175
La pitié m'attendrit, le meurtre m'épouvante,
Immoler Claudius, punir cet inhumain,
C'est plonger à sa fille un poignard dans le sein;
C'est la tuer moi-même: ainsi, mon cher Norceste,
À tout ce qui m'aima mon bras sera funeste. 180

[26] 1813A, 1813B, 1815: 'en ces lieux'.
[27] MS265 contains lines 541–44 (1770A) here, with the marginal note 'ad libitum'.
[28] MS265 replaces this line with the following exchange, which lacks the second half of the opening hemistich: 'NORCESTE. Quel ordre affreux, ô ciel! [...] | HAMLET. J'ai demeuré sans voix, sans haleine, immobile. | Mais enfin soulevant un poids qui, malgré moi, | Pressait mon cœur souffrant et serré par l'effroi, | Pâle, glacé, brûlant, tout à coup, cher Norceste'.
[29] MS265, 1813A, 1813B, 1815: 'ses'.
[30] MS265 reuses lines 585–86 (1770A) for this couplet.
[31] MS265: 'Voilà'.

Je verrai donc ma mère, embrassant mes genoux,
Suspendant par ses pleurs mes parricides coups,
Me dire: « Cher Hamlet, daigne encor me connaître:
« Épargne au moins, mon fils, le sang qui t'a fait naître,
« Le sein qui t'a conçu, les flancs qui t'ont porté... ». 185
Et je pourrais, d'un bras par la rage agité...
Tu m'as séduit, ô ciel! non, jamais ta justice
Ne m'aurait commandé cet affreux sacrifice.
Qui, moi! J'accomplirais ce décret inhumain!
Ou change de victime, ou cherche une autre main. 190
Sur un vil criminel je cours venger mon père;
Mais je n'attente point sur les jours de ma mère.

NORCESTE.
Ah! comment ce palais,[32] plein de votre douleur,
A-t-il repris sitôt sa joie et sa splendeur?

HAMLET.
Hélas! des rois bientôt la mémoire est éteinte. 195
Sur un bûcher fatal, non loin de cette enceinte,
Les restes paternels, ces restes précieux,
Ont été promptement portés loin de mes yeux.
L'urne qui les contient ne s'est pas fait attendre,
Et l'on n'a pas tardé d'y renfermer sa cendre. 200
Ah! dieux! si je pouvais...

NORCESTE.
                    Eh bien,[33] seigneur, parlez;
Qui peut rendre le calme à vos esprits troublés?
Pour servir vos desseins il n'est rien que je n'ose.

HAMLET.
La cendre de mon père auprès de nous repose;[34]

---

[32] 1807(?) and 1808 replace lines 174-93 with lines 589-617 (1770A), followed by: 'NORCESTE. Ah! quand vous exprimez un regret si sincère, | Comment tout ce palais'. MS265 replaces the same lines with: 1. 'Il est vrai, je sais trop que souvent de vains songes | N'offrent à la terreur que de tristes mensonges. | Mais il en est, Norceste, où dans l'aveugle nuit | Le ciel révélateur nous garde et nous instruit. | Ces enfants du sommeil, par leurs obscurs prodiges, | Quelquefois d'un grand crime éclairent les vestiges. | Aussitôt vers mon lit que mon père a paru, | J'ai reconnu ses traits, j'ai frissonné, j'ai cru...' 2. Lines 589-617 (1770A). 3. 'NORCESTE. Ah! quand vous exprimez un regret si sincère, | Comment tout ce palais'.
[33] 1807(?) omits this 'bien', spoiling the scansion.
[34] MS265, 1813A, 1813B, 1815 add: 'Dans une urne vulgaire on l'a, sans monument, | Laissé, loin de mes pleurs, gémir impunément. | Mais j'ai reçu son ordre. Osons tirer sa cendre | De la tombe où le crime, hélas! l'a fait descendre.'

Je veux qu'à chaque instant cette cendre en ces lieux[35]   205
De ses empoisonneurs fatigue au moins les yeux.
Que je te doive enfin cette douceur si chère
De presser sur mon cœur l'urne sainte d'un père.

NORCESTE.
Je vais vous obéir.

HAMLET.
     Écoute, je veux plus.[36]
Viens trouver avec moi la reine et Claudius.   210
Raconte devant eux, pour démêler leur crime,
L'attentat dont un roi dans Londres fut victime.
Emprunte à mes soupçons des rapports et des traits
Qui contraignent leurs fronts à trahir leurs forfaits.
Dis que l'ambition, que l'amour, l'adultère,   215
Ont causé le malheur dont gémit l'Angleterre:
Si je vois leurs regards s'entendre, ou se troubler,
Leur crime est vrai, je puis les punir sans trembler.
Maîtres de nos secrets, découvrons ce mystère,
Et nous verrons après ce qu'il nous faudra faire.[37]   220

[35] MS265 replaces this line with the following: 'Va, je te permets tout pour servir mon dessein. | Parle, agis en mon nom, conjure, ordonne enfin. | Par tes mains, tes secours, que son urne en silence | Dès ce jour, sans témoins, soit mise en ma puissance. | Qu'à chaque instant, ami, cette cendre en ces lieux'.

[36] MS265 gives a different but broadly equivalent speech after this line: 'Bientôt viendront ici la reine et Claudius. | Leur parlant du forfait dont gémit l'Angleterre, | De leurs discours contre eux tirons quelque lumière. | Ils ne soupçonnent pas que notre œil doit chercher | Jusqu'au fond de leur cœur ce qu'ils croiront cacher. | Examinons sur eux ce qui pourra produire | Le récit du complot dont tu me sus instruire. | Il n'en faut point douter: ils ne pourront jamais | Soutenir le fardeau de leurs propres forfaits. | Quand soudain dans son jour la vérité nous frappe, | Quelque indice imprévu nous trahit et s'échappe. | Je sens de cette épreuve approcher les moments, | Oh! comme j'épiera leurs moindres mouvements, | Comme j'attacherai mon œil sus leur visage! | Que tout, jusqu'à leur souffle ait pour nous un langage. | Mais que notre dessein ne soit pas soupçonné. | Un monstre qu'on surprend n'a jamais pardonné. | Maîtres de nos secrets découvrons ce mystère; | Et nous verrons après ce qu'il nous faudra faire. NORCESTE. J'y consens, mais je doute… on vient… ah! les voici! | HAMLET. Silence! C'est le ciel qui les amène ici! | SCÈNE VII. | HAMLET, NORCESTE, GERTRUDE, CLAUDIUS. | GERTRUDE. Votre doute, Norceste, instruit trop une mère. | Mon fils de ses chagrins vous cache le mystère, | Il vous laisse avec nous dans un funeste ennui'. The scene then resumes at line 298 (1809).

[37] Compare La Place's Hamlet: 'Si au contraire l'embarras du roi se trouve marqué jusqu'à un certain point, nous verrons le parti qu'il me reste à prendre' (LP, III. 9, p. 341). Unlike his French avatars, Shakespeare's Hamlet does not talk about making decisions at this point, only remarking that after observing Claudius's response 'we will both our judgements join | In censure of his seeming' (S, III. 2. 82–83). In 1807(?) and 1808, the action now progresses

Grands dieux! pardonnez-moi, si, trop lent à frapper,
Ce bras hésite encore, et craint de se tromper.
Hélas! sur des complots que tout mon cœur abhorre,
Permettez que ma voix vous interroge encore.
Que des signes certains et qu'un effroi vengeur   225
Dénoncent le coupable à ma juste fureur:
Pour rendre enfin la force à mes esprits timides,
Montrez-moi le forfait sur le front des perfides.

FIN DU SECOND ACTE.

ACTE III.
SCÈNE PREMIÈRE.
CLAUDIUS, POLONIUS.

POLONIUS.
Seigneur, qu'en dites-vous? Quoi! L'ordre en est donné!
C'est sous vos yeux qu'Hamlet doit être couronné!   230
Qu'allez-vous faire enfin, lorsque la reine ordonne
Qu'un fantôme de roi porte ici la couronne?
Voilà dans ce palais vos ennemis armés,
Et nos projets détruits aussitôt que formés.

CLAUDIUS.
À son couronnement je n'ai pas dû m'attendre: 235
Par quelque obstacle au moins je saurai le suspendre.
La reine veut par là, c'est du moins son espoir,
Aux yeux de ses sujets consacrer son pouvoir.[38]

---

directly to Hamlet's attempt to 'catch' Claudius's conscience. The linking dialogue runs as follows: 'NORCESTE. J'y consens, mais je doute... on vient... ah! les voici! | HAMLET. Silence! C'est le ciel qui les amène ici!' | SCÈNE VI. | HAMLET, NORCESTE, GERTRUDE, CLAUDIUS. | GERTRUDE. Votre doute, Norceste, instruit trop une mère. | Mon fils de ses chagrins vous cache le mystère, | Il vous laisse avec nous dans un funeste ennui'. The scene then resumes at line 298 (1809).

[38] MS265: 'Je lis dans ses desseins; elle a du moins l'adresse | De cacher de son fils les ennuis, la faiblesse. | Vains efforts! je l'ai peint comme un jeune insensé, | Dont le peuple, les grands, le palais s'est lassé. | Et qu'attendre en effet de ses obscurs caprices? | Aux conseils, aux combats, quels seraient ses services? | Sur le bord de la tombe, il languit, il s'éteint. | Le peuple attend sa mort, le dédaigne et le plaint. | Mais vos périls sont grands, je deviens nécessaire. | Tout s'arme autour de vous, tout annonce la guerre; | Le peuple la redoute et dans son juste effroi, | Il tourne et son espoir et son regard sur moi. | Mais tout prêt à priver Hamlet du diadème | Craignons dans ce complot de paraître moi-même. | Je dois avec prudence agir dans un projet [sic?] | Par d'invisibles mains et des ressorts secrets. | Il faut de ce moment saisir les avantages'.

Mais, tout prêt à priver Hamlet du diadème,
Je crains[39] dans ce complot de paraître moi-même. 240
Je dois avec prudence agir dans nos projets,
Par d'invisibles mains et des ressorts secrets.
Il faut de ce moment saisir les avantages.
Cours partout en secret acheter des suffrages.
Les soldats et leurs chefs, à prix d'or entraînés 245
À me servir déjà sont tous déterminés,
Mes amis sont tous[40] prêts à tenir leurs promesses;
Les faibles sont séduits par l'espoir des richesses;
Et ce riche butin dont ils vont me charger,
S'ils brûlent de l'offrir, c'est pour le partager: 250
Ils verront dans mes mains, comme une proie immense,
Ce pouvoir souverain qu'ils dévorent d'avance.
J'ai sondé tous les cœurs, ils m'ont tous entendu.
Tout est prêt, tout m'attend, me sert, et m'est vendu.
Oui, je me flatte enfin que dès ce jour peut-être 255
Ces conjurés ardents à me choisir pour maître,
M'immoleront leur prince et m'oseront porter
Au trône d'où leur bras vont le précipiter.[41]

POLONIUS.
Mais à vos grands desseins si la cour s'intéresse,
Si vous avez pour vous le soldat, la noblesse, 260
Il faut encor un[42] peuple…

CLAUDIUS.
                                    Oui, mes agents secrets
Le tournent contre Hamlet disent;[43] qu'en ce palais,
Avide de régner, et fatigué d'un père,
Il force[44] dans son cœur la nature à se taire;
Qu'un poison préparé par ce fils criminel 265
Fut versé de ses mains dans le flanc paternel;
Et que les noirs transports dont son âme est saisie
Sont les effets vengeurs du crime qu'il expie.
Ces traits[45] sourds, dans le peuple avec art répétés,

---

[39] 1813A, 1813B, 1815: 'Craignons'.
[40] 1813A, 1813B, 1815: 'tout'.
[41] Lines 255–58 omitted in 1813A, 1813B, 1815.
[42] 1813A, 1813B, 1815: 'le'.
[43] *Sic*, perhaps for 'contre Hamlet, disant'. 1813, 1815: 'Le tournent contre Hamlet; sèment…'.
[44] 1813A, 1813B, 1815: 'força'.
[45] 1813A, 1813B, 1815: 'bruits'.

Par la haine aisément seront tous adoptés: 270
Il concevra sans peine une action si noire;
Plus les forfaits sont grands, plus il aime à les croire.

POLONIUS.
Mais surveillons Norceste, et sachons tout prévoir;
De retour sur nos bords à peine il se fait voir,
Que les amis d'Hamlet découvrent leur audace. 275
De leurs desseins secrets je recherche la trace;
J'aurai les yeux ouverts sur ce pressant danger.

CLAUDIUS.
Informe-toi de tout, rien n'est à négliger.
Songe aux grands intérêts que je livre à ton zèle;
Sors, va tout disposer pour ma grandeur nouvelle. 280
Mais Hamlet et la reine approchent de ces lieux.

SCÈNE II.[46]

CLAUDIUS, GERTRUDE, HAMLET, NORCESTE.

GERTRUDE.
Mon fils, toujours des pleurs mouilleront-ils vos yeux?
De ce front obscurci de nuages si sombres
Que la voix d'une mère éclaircisse les ombres!
Songez, en repoussant ces ténébreux soucis, 285
À ce trône éclatant où vous serez assis.
Oui, tout vous est garant de sa[47] faveur céleste:
L'appui de Claudius, l'amitié de Norceste,
Mon amour, et mes vœux, doivent vous rassurer.
Un jour plus pur se lève[48] et vient nous éclairer. 290
Le peuple rassemblé frémit d'impatience,
Et demande à grands cris votre auguste présence;
Paraissez à ses[49] yeux comme un astre qui luit,
Pâle encor, mais vainqueur des ombres de la nuit.
Vous ne répondez point. Toujours à votre mère 295
De vos profonds chagrins vous cachez le mystère.
Parlez: un mot de vous, dissipant mon ennui…

---

[46] MS265: II. 7, with variants listed in Appendix E.
[47] 1813A, 1813B, 1815: 'la'.
[48] 1809: 's'élève'.
[49] 1813A, 1813B, 1815: 'leurs'.

CLAUDIUS, *à Gertrude.*
Pourquoi presser Hamlet? Ses secrets sont à lui.
Déjà pourtant son front me paraît moins sévère.
Prince, vous ne pouvez trop regretter un père; 300
Votre deuil justement lui prodigue ses pleurs:
Mais le temps doit calmer les plus vives douleurs.
L'homme de sa raison doit toujours faire usage;
Il doit faire céder la prudence[50] au courage.
C'est un bonheur pour vous que, par un prompt retour, 305
Le ciel ait rappelé Norceste à votre cour.
De nos amis[51] du moins l'amitié nous soulage.

HAMLET.
J'en ai déjà senti le charme et l'avantage.
Vous avez vu Norceste?

CLAUDIUS.
     Il a d'abord porté
Ses premiers pas vers vous.

HAMLET.
       Il vous eût raconté 310
La triste mort du roi que pleure l'Angleterre.[52]

CLAUDIUS.
Oui, le bruit s'en répand: ce n'est plus un mystère.

HAMLET.
Dit-on par quelle main?[53]

NORCESTE.
     Vous savez quels discours
Souvent la mort des rois fait naître dans les cours.
Parmi tous ces faux bruits, mal aisés à comprendre, 315
Qu'au trépas de ce roi l'on se plut à répandre,
On dit que le poison… mais je ne le crois pas.

---

[50] 1808, 1813A, 1813B, 1815: 'souffrance'.
[51] 1808, 1813A, 1813B, 1815: 'Dans nos ennuis'.
[52] 1807(?) and 1808 give this as a question: 'Il vous a raconté | La triste mort du roi que pleure l'Angleterre?'.
[53] MS265 replaces this hemistich with the following lines: 'HAMLET. Il m'en a fait, hélas! un fidèle récit, | Et ce crime est toujours présent à mon esprit. | CLAUDIUS. L'Angleterre en forfaits trop souvent fut féconde. | HAMLET. Les forfaits en tout temps sont l'histoire du monde. | CLAUDIUS. Que vous en a-t-il dit?'.

CLAUDIUS.
Eh! comment supposer de pareils attentats?

HAMLET.[54]
Mais qui soupçonne-t-on de cet énorme crime?

NORCESTE.
Un mortel honoré de la publique estime.   320

HAMLET.
Enfin qui nomme-t-on?

NORCESTE.
      Un prince de son sang,[55]
Qu'après lui la naissance appelait à son rang.

GERTRUDE.
Vous a-t-on informé qu'il eût quelque complice?

NORCESTE.
Oui…

HAMLET.
  La reine peut-être?

GERTRUDE.
      Ô ciel!… Par quel indice[56]
A-t-on pu découvrir…?

NORCESTE.
     Je l'ignore.

GERTRUDE.
        En secret,   325
Quel motif donne-t-on d'un aussi grand forfait?

NORCESTE.
L'amour du diadème, une flamme adultère.[57]
 (*Bas à Hamlet.*)
Il n'est point troublé.

HAMLET, *bas à Norceste.*
   Non. Mais regarde ma mère.[58]

---

[54] MS265 has Claudius ask this question.
[55] Note that Ducis describes Claudius as 'un prince du sang'.
[56] MS265 gives this line as: 'HAMLET. Oui… la reine… GERTRUDE. La veuve… oh ciel… par quel indice…'.
[57] MS265 has Hamlet utter this second hemistich.
[58] MS265: 'Il n'éprouve aucun trouble. HAMLET (*bas à Norceste*). Oh douleur! ni ma mère'.

CLAUDIUS.
Prince, on l'a vu souvent; l'ambition, l'amour,
Par de fatals excès ont troublé cette cour.[59]   330
Mais prince, loin[60] de vous de si tristes images!
Sans accuser de loin ces dangereux rivages,
N'avons-nous pas assez de nos propres malheurs?[61]
Laissons à l'Angleterre et son deuil et ses pleurs.
L'Angleterre en forfaits trop souvent fut féconde.[62]   335

HAMLET.
Les forfaits en tout temps sont l'histoire du monde.
Sortons, Norceste.

SCÈNE III.[63]
CLAUDIUS, GERTRUDE.

GERTRUDE.
                    Eh bien![64] que pensez-vous?

CLAUDIUS.
                                        Madame,[65]
Le prince ignore tout.

In Shakespeare it is Claudius who is most obviously troubled by the parallels; as La Place puts it, 'il se trouble, il se lève, et s'en va' (LP, III. 10, p. 343). Ducis turns Claudius into the more hardened criminal and makes Gertrude more susceptible to guilt.

[59] MS265, 1807(?), and 1808 add the following exchange: 'GERTRUDE. Ah! le ciel vengera ce roi que l'on regrette. | HAMLET. Oui, s'il avait un fils. CLAUDIUS. Tous ce bruits qu'on répète | Ont leur source souvent dans d'injustes soupçons; | Le mensonge se plaît à verser ses poisons'.

[60] 1815: 'écartez'.

[61] MS265 ends this scene with the lines: 'Goûtez plutôt, seigneur, goûtez ce clame auguste | Dont nous prive la haine et que donne un cœur juste. | HAMLET. J'en connais tout le prix par cette heureuse paix | Qui fuit loin du coupable et que m'offrent vos traits. | Norceste, suis mes pas.' 1815: 'NORCESTE. Laissons à l'étranger et son deuil et ses pleurs. | HAMLET. Oui, nous avons assez de nos propres malheurs. | Sortons, Norceste.'

[62] After watching a production at Paris's Théâtre Français on 23 June 1814, Benjamin Robert Haydon notes in his diary that at this couplet 'the whole House' — no doubt aggrieved by British victories against Napoleon in the War of the Sixth Coalition (1813–14) — 'burst forth in applause of the most tumultuous fury'. See Pope, 'Ducis's *Hamlet*', p. 210. Since the Napoleonic Wars were already underway while Ducis was working on this draft, the anti-English sentiment of this couplet might have appealed to earlier audiences as well.

[63] 1807(?), 1808: II. 7; MS265: II. 8.

[64] MS265 omits these two words to maintain the scansion.

[65] A second feminine couplet in a row, corrected in 1815.

GERTRUDE.
>	Le trouble est dans mon âme.[66]

CLAUDIUS.
Vain effroi!

GERTRUDE.
>	Mais qui sait si son œil curieux
Ne cherchait pas, seigneur, nos secrets dans nos yeux? 340
Quels tourments j'ai soufferts, hélas! pour me contraindre!

CLAUDIUS.
Votre cœur vous parlait; voilà ce qu'il faut craindre,
Négligeons ces discours et laissons-les passer
Sans remarquer le mot qui pourrait nous blesser!
Dissimulons toujours et, dans un calme extrême, 345
Que notre esprit surtout soit maître de lui-même.
Mais de tout avec soin je me veux informer.
Quoique jamais Hamlet ne puisse m'alarmer,
Cherchons si ces discours, que le hasard fait[67] naître,
N'ont point un but secret, quelque motif peut-être. 350
C'est pour ne craindre rien qu'il faut toujours songer
Que tout peut être à craindre et cacher un danger.

SCÈNE IV.[68]
GERTRUDE, CLAUDIUS, POLONIUS.[69]

POLONIUS.
Madame, tout est prêt. Vous fixerez vous-même
L'instant où votre fils ceindra le diadème;
Le peuple n'attend plus que son couronnement. 355
Les grands de votre cour, dans leur empressement,
Vont, en plaçant Hamlet au rang de leurs monarques,
De son pouvoir sacré lui présenter les marques.
Mais, prince, montrez-vous; le peuple est agité;
Des périls de la guerre il semble épouvanté: 360
On parle de complots, du retour de Norceste,
D'Hamlet près de[70] mourir, d'un avenir funeste.

---

[66] MS265 adds these lines: 'Mais comment, dites-moi, voir sans étonnement | Sous un autre climat le même événement? | CLAUDIUS. C'est un danger pressant qui seul l'aura fait naître. | GERTRUDE. Mon fils dans des soupçons sera troublé peut-être.'
[67] MS267, 1813A, 1813B, 1815: 'fit'.
[68] 1807(?): 1808, II. 8; MS265: II. 9.
[69] 1813A, 1813B, 1815: 'CLAUDIUS, POLONIUS, GERTRUDE'.
[70] 1807(?), 1808, MS265, 1813A, 1813B, 1815: 'prêt à'.

Paraissez, et bientôt vous aurez dissipé
Le bruit et les frayeurs dont le peuple est frappé.

CLAUDIUS.
Allons, je suis tes pas; sur cet avis fidèle. 365
Je cours où la prudence, où le devoir m'appelle.
Vous, madame, à l'instant revoyez votre fils,
Pénétrez dans son cœur, sondez-en les replis.
Que sa tristesse enfin ne soit plus un mystère,
S'il est si vertueux, il doit chérir sa mère. 370
Faites enfin parler vos soupirs et vos pleurs;
Je soupçonne, à mon tour, ces étranges douleurs.
C'est trop tarder, marchons.

SCÈNE V.[71]
GERTRUDE, *seul*.

D'où naissent mes alarmes?
Claudius brave tout, moi, je verse des larmes;
Dans quel asile, ô ciel! puis-je encor me cacher? 375
Est-ce auprès de mon fils que je dois le chercher?
Oh![72] c'est là que pour moi l'avait mis la nature:
Ce n'est pas Claudius, hélas! qui me rassure.
Je ne sais, mais je tremble; une secrète horreur
Ajoute à mes soupçons, ajoute à ma terreur… 380
Mais que vois-je? Ophélie!

SCÈNE VI.[73]
GERTRUDE, OPHÉLIE.

OPHÉLIE.
Ah! permettez, madame,
Qu'osant à vos genoux vous découvrir mon âme…

GERTRUDE.
Expliquez-vous.

OPHÉLIE.
Hélas! vous cherchez quel chagrin
De votre fils bientôt va trancher le destin.

---

[71] 1807(?), 1808: II. 9; MS265: II. 10.
[72] 1808, 1813A, 1813B, 1815: 'Ah!'.
[73] 1807(?), II. 10; MS265: II. 11.

GERTRUDE.
Vous le sauriez!

OPHÉLIE.
     Daignez me promettre d'avance   385
Que ce cœur généreux oublîra mon offense.

GERTRUDE.
Et quel crime si grand auriez-vous donc commis?
Claudius… mais plutôt parlez-moi de mon fils.
Vous auriez de ses maux pénétré le mystère?
Ah! que[74] sont-ils? Parlez, éclairez une mère!   390

OPHÉLIE.
Madame…

GERTRUDE.
    C'en est trop: répondez, je le veux.

OPHÉLIE.
Vous connaissez du roi les ordres rigoureux:
Nul mortel à ma foi ne doit jamais prétendre,
Et je ne puis, sans crime, ou le voir, ou l'entendre.
Le prince m'a forcée à braver ce devoir.   395

GERTRUDE.
Comment?

OPHÉLIE.
   Nous nous aimons, mais, hélas! sans espoir.
Nous avons tous les deux, à cet ordre rebelles,[75]
Renfermé dans nos cœurs nos ardeurs mutuelles:
Mais c'est moi dont les feux, trop prompts à me trahir,
Ont aux regards du prince osé se découvrir.   400
Ainsi jusqu'à l'excès sa flamme est parvenue.
De là ce sombre ennui dont la cause inconnue
Sur son sort, tant de fois, alarma votre cour.
Son désespoir, ses maux, sont nés de notre amour.
Qu'un autre choix vous venge et punisse mon crime.   405
À ce tourment, hélas! je me livre en victime.
Heureuse si ma mort, en croissant son ennui,
Ne vous en prive pas quand je m'arrache à lui.

---

[74] 1813A, 1813B, 1815: 'qui'.
[75] 1809: 'rebelle'; I have corrected this in line with later versions.

GERTRUDE.

Non, vous vivrez tous deux. Ô moments pleins[76] de charmes!
Je pourrai donc, mon fils, enfin sécher[77] tes larmes! 410
Ses feux seuls ont produit sa secrète langueur.
Hélas! est-on toujours le maître de son cœur?
Je conçois de vos maux quelle est la violence:
Sans doute il est affreux d'aimer sans espérance;
Mais enfin par l'hymen je puis combler vos feux;[78] 415
Je n'ai qu'à dire un mot: j'y consens, je le veux.
Vivez, régnez, aimez; je n'aspire moi-même
Qu'à placer sur vos fronts l'éclat du diadème;
Je cours vers Claudius dans cet heureux moment.
Je vous réponds déjà de son consentement. 420
Quel ennui si mortel, quelle mélancolie,
Tiendrait contre l'espoir d'obtenir Ophélie!
Embrassez-moi, ma fille; allez; que ce grand jour
Couronne tant d'attraits, de vertus, et d'amour!

FIN DU TROISIÈME ACTE.[79]

ACTE IV
SCÈNE PREMIÈRE.[80]
HAMLET, *seul*.

En vain j'ai donc voulu, m'armant d'un stratagème, 425
Surprendre un criminel maître et sûr de lui-même,
Ma mère ainsi que lui n'a pu dissimuler;
J'ai vu son front pâlir, ses regards se troubler.[81]
Quoi! Ce vil Claudius a donc[82] eu la constance
De voir son[83] propre crime avec indifférence! 430
Sans remords, sans terreur, comme un crime étranger,
Son cœur n'a pu gémir, son front n'a pu changer!
S'ils étaient innocents? Non, l'ombre de mon père,

---

[76] 1813A, 1813B, 1815: 'ô moment plein'.
[77] 1813A, 1813B, 1815: 'sécher enfin'.
[78] 1807(?), 1813, 1815: 'vœux'.
[79] 1807(?): 'FIN DU SECOND ACTE'; MS265: 'FIN DU DEUXIÈME ACTE'.
[80] 1807(?), 1808, MS265: III. 1.
[81] MS265: 'Il cachait sur son front que rien ne peut troubler, | Un art que je n'ai point, l'art de dissimuler.'
[82] MS265: 'Quoi, ce monstre et ma mère ont donc'.
[83] MS265: here and both times in line 432, 'son' becomes 'leur'.

Exprès pour m'égarer, n'eût point percé la terre.⁸⁴
Si mon esprit pourtant n'eût cru, n'eût adopté, 435
Qu'un mensonge effrayant, par lui-même enfanté;
Si mes sens m'abusaient, si cette main fumante
Offrait au ciel le sang d'une mère innocente!
Je ne sais que résoudre… immobile…⁸⁵ troublé…⁸⁶
C'est rester trop longtemps de mon doute accablé; 440
C'est trop souffrir la vie et le poids qui me tue.
Eh! qu'offre donc la mort à mon âme abattue?…
Un asile assuré, le plus doux des chemins⁸⁷
Qui conduit au repos les malheureux humains.
Mourons. Que craindre encor quand on a cessé d'être? 445
La mort… c'est le sommeil… c'est un réveil peut-être.⁸⁸
Peut-être… Ah! c'est ce mot qui glace, épouvanté,
L'homme au bord du cercueil par le doute arrêté.
Devant ce vaste abîme il se jette en arrière,
Ressaisit l'existence, et s'attache à la terre. 450
Dans nos troubles pressants qui peut nous avertir
Des secrets de ce monde où tout va s'engloutir?⁸⁹

---

⁸⁴ MS265 adds these lines: 'Reviendrait-il sans cause et d'un œil menaçant | Jeter un vain effroi dans mon cœur frémissant? | Serait-ce pour tromper ce cœur faible et sensible, | Que dans l'horreur des nuits la vérité terrible | Oserait m'apparaître, et passer son flambeau | Sur de noirs attentats cachés dans le tombeau? | Non: je n'hésite plus, pour venger la nature, | Jamais les justes dieux n'ont armé l'imposture.'

⁸⁵ 1813A, 1813B, 1815: 'immobile, et'.

⁸⁶ The rest of this monologue is clearly based — albeit loosely — on the famous 'To be or not to be' speech, which had been famously 'translated' very freely into French by Voltaire in the 1730s. See Voltaire, *Lettres philosophiques*, ed. by Nicholas Cronk in *Œuvres complètes*, vol. 6B (2020), p. 182.

⁸⁷ Compare Voltaire's rendering: 'C'est la fin de nos maux, c'est mon unique asile'.

⁸⁸ Compare 'Mourir… Dormir… Rêver peut-être?' (LP, III. 4, p. 333); cf. 'to die: to sleep — | To sleep, perchance to dream — ay, there's the rub, | For in that sleep of death what dreams may come | When we have shuffled off this mortal coil | Must give us pause' (S, III. 1. 63–67). Ducis's presentation of the afterlife as an awakening (*réveil*) rather than as dreaming (*rêver*) probably reflects the influence of Voltaire, whose rendering of this section reads: 'On s'endort, et tout meurt. Mais un affreux réveil | Doit succéder peut-être aux douceurs du sommeil.'

⁸⁹ Cf. 'Ne vaudrait-il pas mieux s'affranchir d'un fardeau dont le poids nous accable?… Mais la terreur qu'inspire l'idée d'un autre monde, d'un monde inconnu, dont nul mortel n'est jamais retourné, ralentit ce désir, et glace nos pensées. Nous connaissons nos maux, et nous les supportons, dans la crainte d'en affronter d'autres que nous ne connaissons pas' (LP, III. 4, p. 334); cf. 'Who would fardels bear | To grunt and sweat under a weary life | But that the dread of something after death | (The undiscovered country from whose bourn | No traveller returns) puzzles the will, | And makes us rather bear those ills we have | Than fly to others that we know not of' (S, III. 1. 75–81).

Sans l'effroi qu'il inspire, et la terreur sacrée
Qui défend son passage et siège à son entrée,
Combien de malheureux iraient dans le tombeau   455
De leurs longues douleurs déposer le fardeau!
Ah! que ce port souvent est vu d'un œil d'envie
Par le faible agité sur les flots de la vie!
Mais il craint, dans ses maux, au-delà du trépas,
Des maux plus grands encore, et qu'il ne connaît pas.⁹⁰   460
Redoutable avenir, tu glaces mon courage!
Va, laisse à ma douleur achever son ouvrage.
Mais je vois Ophélie;⁹¹ ah! si des traits si doux
Suspendaient mes tourments…

SCÈNE II.⁹²
OPHÉLIE, HAMLET.⁹³

OPHÉLIE.
                              Hamlet, je viens à vous.
Cher⁹⁴ prince, de nos feux j'ai trahi le mystère.   465
Vous n'outragerez point les volontés d'un père;
La reine, qui vous aime, a tout appris par moi.
Eh! comment lui cacher que le don de ma foi,
Lorsqu'à périr ici chaque jour vous expose,
Peut seul finir des maux dont l'amour est la cause?⁹⁵   470
Mais quels sont ces soupirs avec peine arrachés,
Et ces sombres regards à la terre attachés?
Voyez-vous mon bonheur avec indifférence?

---

⁹⁰ MS265 replaces the end of this scene with: 'Oui: de ce jour sans fin, qui ne luit pas encore, | Notre œil faible et tremblant n'entrevoit que l'aurore. | Nous appelons de loin cette immortalité | Dont notre esprit aveugle un moment a douté. | Je sens le nœud sacré qui l'attache à mon être, | Et la voix de mon cœur m'éclaire mieux peut-être; | De notre exil enfin rappelé par les Dieux, | Nous passons par la mort pour arriver aux Cieux. | Mon père, ah! dans une cour solitaire et déserte, | J'aurais longtemps encore à déplorer ta perte, | Ma trop juste douleur a pour moi sans retour | Flétri tous les objets, oui, tous… jusqu'à l'amour? | Après un crime énorme, est-ce un si grand prodige | Que la nature en deuil autour de moi s'afflige? | C'est Ophélie! Ô ciel! que veut-elle de moi? | Perdrais-je, hélas! sitôt les charmes que je vois!', before resuming at line 465.
⁹¹ 'Mais j'aperçois Ophelia' (LP, III. 4, p. 334); cf. 'Soft you now, | The fair Ophelia!' (S, III. 1. 87–88).
⁹² MS265: III. 2.
⁹³ 1813A, 1813B, 1815: 'HAMLET, OPHÉLIE'.
⁹⁴ MS265: 'Oui,'.
⁹⁵ MS265, 1813, 1815 contain lines 699–702 (1770A) at this point.

HAMLET.
Le bonheur quelquefois est plus loin qu'on ne pense.

OPHÉLIE.
Qu'entends-je? Quel discours!… Seigneur, vous vous troublez! 475
D'un ennui plus profond vos sens sont accablés.
Eh quoi! Déjà pour moi votre ardeur affaiblie…

HAMLET.
Que tu me connais mal, ô ma chère Ophélie!
Si tu crois que mon cœur, épris de tes attraits,
Une fois enflammé, puisse changer jamais! 480
Ce cœur jusqu'au tombeau brûlera pour tes charmes.

OPHÉLIE.
D'où vient donc, malgré toi, vois-je couler tes larmes?[96]
Qu'un profond désespoir, peint dans tes tristes yeux,
Ne semble m'annoncer que d'éternels adieux?
N'expliqueras-tu pas quel poison te consume? 485

HAMLET.
Non, tu n'en conçois pas la funeste amertume.

OPHÉLIE.
Ainsi ces nœuds charmants, cet autel fortuné,
Où mon sort sous tes lois allait être enchaîné…
Hélas… je me trompais, ce n'était qu'un vain songe.

HAMLET.
Notre amour seul fut vrai, le reste est un mensonge. 490

OPHÉLIE.
Cruel, ton cœur aussi s'est donc fermé pour moi!

HAMLET.
Que ne peut-il, hélas! s'épancher devant toi!
Un obstacle invincible à ce désir s'oppose.
Tu verras mon trépas sans en savoir la cause.
Plains-moi, plains un amant qui craint de t'irriter, 495
Qui meurt s'il ne t'obtient, et ne peut t'accepter.
Si le sort l'eût voulu, nés tous deux l'un pour l'autre,
Quel bonheur sur la terre eût égalé le nôtre!…
Douces conformités et d'âge et de désirs,
Le ciel autour de nous rassemblait les plaisirs… 500

---

[96] Non-standard syntax, but with the inversion 'vois-je' clearly having the sense of 'que je vois…'.

Je ne te parle point de la grandeur suprême;
Ton cœur, je le sais trop, n'a cherché que moi-même.
Cependant... ô regrets!...

OPHÉLIE.
     Achève.

HAMLET.
        Je ne puis.

OPHÉLIE.
Pourquoi?

HAMLET.
    C'est à la tombe à cacher mes ennuis.

OPHÉLIE.
Tu veux quitter la vie?

HAMLET.
      Il est temps que j'en sorte.   505
Sur toi, sur mon amour, mon désespoir l'emporte.
Va, crois-moi, du bonheur les jours purs et sereins
Rarement sur la terre ont lui pour les humains.
En chagrins dévorants que de sources fécondes!
Des plaisirs si trompeurs, des douleurs si profondes! 510
Et que faire, Ophélie, en ce séjour affreux?
Traîner dans les soupçons mon destin malheureux?
Écouter les mortels sans croire à leur langage?
De leurs divisions voir l'affligeante image?
Pas un sincère ami dont la fidélité   515
Conduise jusqu'à nous l'auguste vérité.
La vérité, grands dieux! qui,[97] si noble et si belle,
Devrait être des rois la compagne éternelle!
Des guerres, des traités, d'infructueux projets;
Des lauriers toujours teints du sang de ses[98] sujets; 520
Au-dedans, des complots, des cœurs ingrats, perfides;
Du poison préparé par des mains parricides.
Ah! puisqu'à tant de maux le ciel livre[99] mes jours,
Sans doute il m'autorise à terminer leur cours;
Et qu'importe à ces dieux[100] qu'abrégeant ma misère, 525

---

[97] 1807(?): 'et'.
[98] 1813A, 1813B, 1815: 'nos'.
[99] 1813A, 1813B, 1815: 'livra'.
[100] 1813A, 1813B, 1815: 'ce dieu'.

J'aie un instant de plus[101] à gémir sur la terre?
Languissant, abattu, souffrant, près de[102] périr,
Mon malheur est de vivre, et non pas de mourir.

OPHÉLIE.
Qu'oses-tu dire! Ô ciel! quel désespoir t'égare!
La[103] douleur, à la fin, t'a donc rendu barbare? 530
Hélas! je nourrissais cet espoir si charmant
D'essuyer quelque jour les pleurs de mon amant:
L'hymen va, me disais-je, au gré de mon envie,
Par de nouveaux devoirs l'attacher à la vie.
Je ne te parle plus de mes feux, ni de moi. 535
Mais, pour oser mourir, ta vie est-elle à toi?
Ta grandeur, ton devoir, la livre à ta patrie;
Entends à tes côtés le Danois qui te crie:
« J'ai remis dans tes mains mon sort, ma liberté.
« Entre ton peuple et toi n'est-il plus de traité?[104] 540
« C'est à toi que le faible a commis sa défense.
« Punir les oppresseurs, soutenir l'innocence,
« Protéger tes sujets contre leurs ennemis,
« Voilà les droits sacrés que le ciel t'a remis.
« De leurs malheurs cachés préviens, détruis, les causes; 545
« Ce sont là tes devoirs: meurs après, si tu l'oses! »
C'est ainsi que l'état te parle par ma voix,
Rends-lui, cruel, rends-lui le plus grand de ses rois;
Qu'il revive en son fils, et que l'Europe entière
Au bruit de tes vertus, croie admirer ton père.[105] 550

HAMLET.
Hélas!

OPHÉLIE.
    Ne gémis plus, mais règne!

---

[101] 1813A, 1813B, 1815: 'moins'.
[102] 1813A, 1813B, 1815: 'prêt à'.
[103] MS265, 1813A, 1813B, 1815: 'Ta'.
[104] MS265 adds these lines: 'T'aimer et t'obéir, voilà notre partage; | À vivre pour nous seuls la même loi t'engage. | Sais-tu, tranchant tes jours, si dans tous tes États | Plus d'un infortuné ne les réclame pas?'.
[105] Lines 547-50 omitted from 1807(?), 1808, 1813, 1815.

HAMLET.
       Que dis-tu?
Garde-toi bien surtout d'outrager ma vertu.[106]
Vous le savez, grand Dieu,[107] ma plus douce espérance
Était de voir mon peuple heureux sous ma puissance!
Sans doute, en m'accablant, vous m'imposez la loi   555
De descendre d'un rang qui n'est plus fait pour moi.
  (À Ophélie.)
Et toi, de qui l'amant et t'offense et t'adore,
Renonçons à l'espoir de nous revoir encore.
Adieu... je vais bientôt...

OPHÉLIE.
Tes pleurs me font frémir;
Ton cœur se trouble, hésite, et cherche à s'affermir.   560
Tu caches un dessein.

HAMLET.
      Qui, moi!

OPHÉLIE.
        Je veux l'apprendre,
Je veux tout découvrir.

HAMLET.
      Qu'osez-vous entreprendre?

OPHÉLIE.
C'est trop souffrir, cruel! Quels sont donc tes malheurs?
Que je t'aide du moins à porter tes douleurs.

HAMLET.
Leur poids t'accablerait.

OPHÉLIE.
      Connais mieux mon courage.   565
Penses-tu que les pleurs fassent seuls mon partage?
Pour te sauver, Hamlet, s'il ne faut que périr,
Viens me voir expirer et t'apprendre à souffrir.

---

[106] MS265, 1807(?) and 1808 add lines 789–92 (1770A) here.
[107] 1809 gives 'grand Dieu' in the singular, but in line with practice across the play and all the other variants I have corrected this to the pagan plural.

HAMLET.
Malheureuse, ah![108] sais-tu jusqu'où va ma constance?
Entends-tu dans les airs le cri de la vengeance?[109]   570
Sens-tu par les enfers ton esprit agité,
Dans ton cœur expirant tout ton sang arrêté?

OPHÉLIE.
Qu'entends-je, ô ciel! N'importe! il faut me satisfaire:
Parle, achève, éclaircis cet horrible mystère.

HAMLET.
Laisse-moi mourir seul.

OPHÉLIE.
                    Non, tu ne mourras pas.   575

HAMLET.
Tremblez!

OPHÉLIE.
            Je ne crains rien!

HAMLET.
                Fuyez…

OPHÉLIE.
                    Je suis tes pas.

SCÈNE III.[110]
OPHÉLIE, HAMLET, GERTRUDE.[111]

OPHÉLIE, *à Gertrude qui entre.*
Ah! madame, parlez, et secondez mes larmes;
Mes efforts contre Hamlet sont d'impuissantes armes.[112]
Arrachez son secret: peut-être qu'en ce jour
La nature sur lui pourra plus que l'amour.   580

GERTRUDE.
Vous verrai-je toujours le front morne et sévère,
Fixer, mon cher Hamlet, vos regards sur la terre?
De sinistres objets uniquement frappé,
Toujours d'un vain effroi serez-vous occupé?

---

[108] MS265, 1813A, 1813B, 1815: 'Malheureuse!… Et'.
[109] MS265, 1815 reinstate lines 811-14 (1770A) here.
[110] MS265, 1807(?): III. 3.
[111] 1807(?), 1808, 1813A, 1813B, 1815: 'HAMLET, GERTRUDE, OPHÉLIE'.
[112] MS265 includes lines 823-30 (1770A) here.

Ignorez-vous, mon fils, avec tant de courage, 585
Que vers des jours nouveaux nos jours sont un passage?
Que tout homme ici-bas n'est né que pour mourir?

HAMLET.
Madame, je le sais.

GERTRUDE.
     Eh! pourquoi donc souffrir
Qu'à des ennuis secrets votre force succombe?
Vous tairez-vous, mon fils, sur le bord de la tombe? 590
Votre cœur avec moi craint-il de s'épancher?

HAMLET.
Plus mes malheurs sont grands, plus je dois les cacher.

GERTRUDE.
Auriez-vous ou commis, ou conçu, quelques crimes?

HAMLET.
Ce bras n'est point souillé; mes vœux sont légitimes.

GERTRUDE.
D'où vous vient donc, mon fils, cet air sombre, abattu? 595
Cette triste langueur sied mal à la vertu.
De vous, sur ces dehors, que voulez-vous qu'on pense?

HAMLET.
Mais si mon cœur est pur, que me fait l'apparence?

GERTRUDE.
Eh! quel est donc, mon fils, ce secret important?
Mon trouble, ma terreur, augmente à chaque instant. 600
Au nom de ma tendresse, au nom de ta naissance,
Par ces soins maternels que j'eus de ton enfance,
Apprends-moi… Tu pâlis, tous tes sens sont glacés;
Tes cheveux sur ton front d'horreur sont hérissés.
Qui te rend tout à coup immobile, insensible? 605
Tes yeux semblent fixés sur quelque objet terrible.

HAMLET, *voyant l'ombre de son père.*
C'est sur lui… le voilà;… ne le voyez-vous pas?[113]
Parle, que me veux-tu?

GERTRUDE.
    Sors de ce trouble, hélas!

---

[113] MS265: 'vous ne le voyez pas'.

HAMLET, *voyant encore l'ombre.*[114]
Regardez, c'est lui-même: il menace, il s'avance.
Où me cacher? Où fuir sa fatale présence? 610
Je ne puis.

GERTRUDE.
   Eh,[115] mon fils!

HAMLET.
     Je ne pourrai jamais…

GERTRUDE.
Que t'a-t-il commandé?

HAMLET.
     Non; de pareils forfaits
Ne nous sont point prescrits par la bonté céleste.
Que croire à ton aspect, ombre chère et funeste?
Viens-tu pour me troubler d'un prestige odieux? 615
Viens-tu pour m'annoncer la volonté des dieux?
Si tu n'es des enfers qu'une noire imposture,
Qui t'a donné le droit d'affliger la nature?
Si les ordres du ciel s'expliquent par ta voix,
Donne donc le pouvoir d'exécuter ses lois. 620

GERTRUDE.
Quelles lois? Ô mon fils!

HAMLET.
    Le trouble où je me plonge
De mes sens prévenus vous paraît un mensonge!

GERTRUDE.
En pourrais-tu douter? Ne vois-tu point, hélas!
Que c'est ta seule erreur…

HAMLET.
    Ne vous y trompez pas,
Tout est réel, madame!

GERTRUDE.
    À quelle horreur livrée, 625
Par quels secrets combats son âme est déchirée!…

---

[114] MS265: stage direction missing. 1807(?) and 1808 add two further stage directions: '(*accablé*)' before the first hemistich and '(*il voit encore l'ombre*)' before the second.
[115] MS265, 1808, 1813A, 1813B, 1815: 'Hé'.

HAMLET, *à sa mère.*
C'est vous, hélas! sur moi qui vous attendrissez!
    (*À Ophélie.*)
Ces larmes, savez-vous pour qui vous les versez?

SCÈNE IV.[116]
CLAUDIUS, GERTRUDE, HAMLET, OPHÉLIE[117]

HAMLET, *continuant.*
Ciel! Je vois Claudius.

GERTRUDE, *à Claudius.*
                Seigneur, qui vous amène?
Venez-vous voir mon fils, lorsque sa mort prochaine…   630

CLAUDIUS.
Eh! quoi, de leur hymen le moment souhaité?…

GERTRUDE.
De cet espoir en vain mon cœur s'était flatté.
Mon fils de ses douleurs va mourir à ma vue,
Sans que jamais la cause en ait été connue.

CLAUDIUS.
Son sort cruel m'étonne, et j'en plains la rigueur: 635
Mais puisqu'enfin l'amour ne peut fléchir son cœur,
Vous savez quelle loi funeste à ma famille
Rend les flambeaux d'hymen interdits pour ma fille:
Révoquez un arrêt qu'a dicté le courroux;
Permettez que ma main lui choisisse un époux;   640
Que des nœuds moins brillants…

HAMLET, *se réveillant de son assoupissement.*[118]
                Il n'en est plus pour elle;
Tremblez, audacieux, de devenir rebelle.
Avez-vous oublié que je suis votre roi?
J'aime, je suis aimé, votre fille a ma foi;
Nul mortel à sa main ne doit jamais prétendre.   645
Je crois en souverain me faire assez entendre.
Ce cœur, que vous jugez sans force et sans vertu,
N'est pas peut-être encor tout à fait abattu.

---

[116] MS265, 1807(?) 1808: III. 4.
[117] 1807(?), 1808: 'HAMLET, GERTRUDE, CLAUDIUS, OPHÉLIE'.
[118] 1807(?), 1808: '*se réveillant tout à coup de son espèce d'assoupissement*'; MS265, 1813A, 1813B, 1815: '*se réveillant tout à coup de son espèce d'assoupissement, et se levant*'.

(Regardant Claudius.)
Sans doute ici mon sceptre excite quelqu'envie;[119]
Mais si je dois bientôt abandonner la vie, 650
Je n'en sortirai pas, que ce bras furieux
    (À Claudius.)
N'ait assouvi ma haine et satisfait les dieux.
    (Il sort.)

SCÈNE V.[120]
CLAUDIUS, GERTRUDE, OPHÉLIE.

CLAUDIUS.
Quel est donc ce transport que je ne puis comprendre,
Madame?

GERTRUDE.
    Auprès d'un fils, seigneur, je dois me rendre.
    (À Ophélie.)
Suivez mes pas, ma fille, il le faut secourir 655
Et je vais avec vous le sauver, ou mourir.

SCÈNE VI.[121]
CLAUDIUS, *seul.*

À quel trouble inouï ce palais est en proie!
D'où naît cette fureur que le prince déploie?
Saurait-il mes projets?[122] Aurait-il soupçonné
Par quel complot son père est mort empoisonné?[123] 660
Aurait-il pénétré…? Polonius s'avance.

SCÈNE VII.[124]
CLAUDIUS, POLONIUS.

CLAUDIUS.
Le prince vient enfin de rompre le silence;
Il me quitte à l'instant; sans pouvoir se dompter,
Sa fureur, à mes yeux, vient enfin d'éclater.

---

[119] 1813A, 1813B, 1815: 'quelque envie'.
[120] 1807(?), MS265: III. 5.
[121] 1807(?), MS265: III. 6.
[122] MS265: 'notre crime'.
[123] MS265 reinstates lines 929-34 (1770A) here, before introducing a new scene (III. 7); see Appendix E.
[124] MS265, 1807(?), 1808: III. 7.

Il en veut à mes jours, et déjà sa colère 665
S'apprête à me punir du trépas de son père:
Il prévoit ses périls; mais, dans son vain courroux,
Sans pouvoir s'y soustraire, il sentira mes coups.
Ah! je n'attendrai pas que ses sanglants caprices
Me livrent sans défense à l'horreur des supplices. 670
Ne perdons point de temps, il faut le prévenir.
Le conseil, tous les grands, vont-ils se réunir?[125]

POLONIUS.[126]
On n'attend plus que vous. Rendez ce jour funeste
À cette ombre de prince, au parti qui lui reste.
Vous verrez en ce jour vos destins décidés; 675
Mais vous êtes perdu, si vous ne le perdez.[127]
Norceste dans la ville a jeté les alarmes;
Aux partisans d'Hamlet il fait prendre les armes.
Je n'en saurais douter, vos périls sont affreux:
Ils vont fondre sur vous; marchez au-devant d'eux. 680

CLAUDIUS.
Oh! Ciel![128] autour de moi que de périls ensemble!
Le trône est sous mes yeux; je le touche, et je tremble.
Tantôt j'étais tranquille, et tout vient m'agiter.
Quel pas je vais franchir! Quel coup je vais tenter!

POLONIUS.
Hésiter, c'est vous perdre: et, si bientôt vous-même 685
Ne ramenez le sort par votre audace extrême;
Si, prompt à vous trahir, lent à vous protéger,
Vous tardez d'un moment…

---

[125] 1807(?) and 1808 replace these lines with: 'POLONIUS. Ne perdez point de temps, il faut le prévenir. | Aux états assemblés, venez vous réunir'.
[126] At this point MS265 departs from 1809; see Appendix E.
[127] 1807(?) and 1808 end the act thus: 'CLAUDIUS. À son couronnement je n'ai pas dû m'attendre. | Par quelqu'obstacle au moins tâchons de le suspendre. | Mais je dois avec art agir dans mes projets; | Par d'invisibles mains et des ressorts secrets, | J'ai su de ce moment saisir les avantages; | J'ai partout en secret acheté des suffrages; | J'ai sondé tous les cœurs, ils m'ont tous entendu; | Tout est prêt, tout m'attend, me sert et m'est vendu. | POLONIUS. Eh bien, agissez donc, pour vous tout s'intéresse. | Le peuple, le palais, le soldat, la noblesse; | Chacun s'armant pour vous croit travailler pour soi. | Vous avez l'or, le fer. | CLAUDIUS. Mon ami, je suis roi. | Oui, je me flatte enfin que, dès ce jour peut-être, | Ces conjurés, ardents à me choisir pour maître, | M'immoleront leur prince, et m'oseront porter | Au trône d'où leurs bras vont le précipiter. | FIN DU TROISIÈME ACTE'.
[128] 1813A, 1813B, 1815: 'Ô ciel'.

CLAUDIUS.
                    Eh bien! Tout va changer.
Agissons, il est temps.

POLONIUS.
                    Seigneur, daignez m'en croire,
C'est un instant bien pris qui donne la victoire.   690
Pour vous tous vos amis vont voler au trépas.
Osez, je réponds d'eux.

CLAUDIUS.
                    Je suis sûr des soldats;
Le conseil!...

POLONIUS.
            Vous attend: une garde fidèle
En protège l'enceinte, et je vous réponds d'elle.

CLAUDIUS.
Entrons donc au conseil... Surtout que mes amis   695
Songent bien aux secours[129] qui m'ont été promis.
Dès que j'annoncerai que la reine elle-même
Ordonne que son fils se place au rang suprême,
À peine aurai-je feint, par mes empressements,
D'appeler sur Hamlet vos vœux et vos serments,   700
Que les uns aussitôt, m'opposant son délire,
Présagent les malheurs qui menacent l'empire,
Si, par ses noirs accès, autant que par ses lois,
Ce monarque en démence insultait aux Danois;
Que d'autres, pour Hamlet se parant d'un faux zèle,   705
Le perdent en feignant d'embrasser[130] sa querelle,
Et qu'enfin réunis, d'une commune voix,
Ils déclarent Hamlet déchu du rang des rois.
Alors, que le conseil, d'une ardeur empressée,
Retrouvant, dans le cours de ma gloire passée,   710
La vertu d'un monarque et le cœur d'un soldat,
Me force d'accepter les rênes de l'État.
Et moi, comme étonné de ces nombreux suffrages,
Me refusant d'abord à ce concours d'hommages,
Tu me verras enfin céder à ce torrent.   715
Je plaindrai même Hamlet. D'un œil indifférent
Je feindrai d'accepter ce pesant diadème,

---

[129] 1813A, 1813B, 1815: 'discours'.
[130] 1813A, 1813B, 1815: 'de prendre'.

Ce rang d'où je l'aurai précipité moi-même.

POLONIUS.
Quand le conseil, soumis à vos ordres sacrés,
Vous aura de ce trône aplani les degrés, 720
Maître du sort d'Hamlet, que ferez-vous encore?
Redoutons les transports d'un peuple qui l'honore:
Il peut s'armer pour lui.

CLAUDIUS.
     Ses efforts seront vains;
Au sortir du conseil j'achève mes desseins.
Du grand et du soldat[131] une nombreuse élite 725
En foule sur mes pas vole et se précipite;
Ils me proclament roi. Ce coup inattendu
Étonne et me soumet ce peuple confondu:
J'entre dans le palais; tout frémit à ma vue.
Je ne crains plus les cris d'une mère éperdue; 730
Je fais saisir Hamlet. Qu'il aille, sans retour,
Achever ses destins dans l'ombre d'une tour.

POLONIUS.[132]
Mais, si jamais le sort entre ses mains vous livre?

CLAUDIUS.
Un roi dépossédé n'a pas longtemps à vivre:
Il est perdu, surtout si l'on s'arme en son nom, 735
Et son tombeau jamais n'est loin de sa prison.
À ma fille surtout[133] cachons ce noir mystère,
Elle irait à l'amant sacrifier le père.
Mais le conseil s'assemble: il en est temps; suis-moi,
Et viens dans ton ami reconnaître ton roi. 740

FIN DU QUATRIÈME ACTE.

---

[131] 1813A, 1813B, 1815: 'De grands et de soldats'.
[132] 1813A, 1813B, 1815 add the following lines: 'Mais ne craignez-vous pas que cette violence | Des Danois tôt ou tard n'éveille la vengeance? | De là que de périls cachés ou menaçants, | De partis pour Hamlet sans cesse renaissants!'.
[133] 1813A, 1813B, 1815: 'avec soin'.

ACTE V.
SCÈNE PREMIÈRE.[134]
HAMLET; NORCESTE, *avec l'urne.*

NORCESTE.
La voilà donc, seigneur,[135] cette urne redoutable
Qui contient d'un héros la cendre déplorable![136]
Donnez un libre cours à vos justes douleurs;
Sur cette urne un moment laissez couler vos pleurs.[137]
Mais contre Claudius armez-vous de courage: 745
Opposons nos efforts aux efforts de sa rage.
Un parti qui se cache, et qui lui sert d'appui,
Va, dit-on, au conseil se déclarer pour lui.
Son audace peut tout. En cet instant, peut-être,
Vous n'êtes qu'un sujet, et Claudius est maître. 750
Ophélie et la reine ignorent des projets
Dont il sait avec art dérober les secrets.
Il feint de vous servir, son adresse prudente
Par là sait mieux tromper une mère, une amante.
Habile à déguiser ses noires trahisons, 755
Il écarte de lui leurs yeux et leurs soupçons!
Il faut les éclairer sur ses complots perfides.
Prince, il vous reste encor des sujets intrépides;
Je cours les réunir, enflammer leur courroux,
Et tous, ainsi que moi, sauront mourir pour vous. 760

HAMLET.
Que m'importe le trône et ce jour qui m'éclaire!
Si je respire encor, c'est pour venger mon père.[138]

SCÈNE II.[139]
OPHÉLIE, HAMLET.

OPHÉLIE.
Seigneur, souffrez qu'ici, pour la dernière fois,
Une amante à vos pieds fasse entendre sa voix.
Pour mon père, tantôt, votre haine inflexible 765
A pénétré mon cœur du coup le plus sensible.

---

[134] MS265, 1807(?), 1808: IV. 1.
[135] MS265, 1807(?), 1808: 'Oui, seigneur, la voici'.
[136] MS265 adds lines 943-46 (1770A).
[137] MS265, 1807(?), 1808 add lines 949-62 (1770A) until the end of the scene.
[138] 1813A, 1813B, 1815: '(Norceste sort.)'.
[139] MS265, 1807(?), 1808: IV. 2.

Il n'aspirait, hélas! qu'à vous voir mon époux:
Il vous plaint, il vous aime, il s'attendrit sur vous:
Il voudrait, s'il se peut, vous tenir lieu de père.

HAMLET.
Lui! Ce barbare!

OPHÉLIE.
     Oh ciel![140] Quelle ardente colère,   770
À son nom seulement, étincelle en vos yeux!
S'il excitait lui seul vos transports furieux!
Si c'était lui... je tremble... hélas!

HAMLET.
         Qu'osez-vous dire?

OPHÉLIE.
Votre cœur en secret à la vengeance aspire.
Voilà de vos chagrins le principe inconnu.   775
Par la haine entraîné, par l'amour retenu,
J'entrevois... Oui, seigneur, le soin qui vous anime
Cherche à frapper ici quelque grande victime.
Vous prétendez en vain me le dissimuler;
Celui que votre bras va bientôt immoler...   780

HAMLET.
Achevez.

OPHÉLIE.
   C'est mon père; oui, seigneur, c'est lui-même.
Tantôt, à son aspect, votre surprise extrême,
Votre horreur, vos discours, vos funestes transports,
Cette ombre tout à coup quittant le sein des morts,
Sur vos sens agités l'effet de sa présence,   785
Ces mots entrecoupés de devoir, de vengeance;
Ce dégoût des humains, ce palais détesté
Si souvent, disiez-vous, par le crime habité;[141]
Non, je n'en doute plus, votre sombre furie,
Du sang de Claudius brûle d'être assouvie.   790
Mais pourquoi l'accuser? Quel forfait est le sien?
Vous! Massacrer mon père?...

---

[140] 1813A, 1813B, 1815: 'Ô ciel!'.
[141] 1807(?), 1808, 1813A, 1813B, 1815 omit lines 785–88.

HAMLET.
                    Il m'a privé du mien.

OPHÉLIE.
Quelle erreur te séduit!

HAMLET.
                        Je sais ce qu'il faut croire;
Le ciel s'est expliqué.

OPHÉLIE.
                    Tu vas souiller ta gloire.

HAMLET.
Ma gloire est d'être fils.

OPHÉLIE.
                        Et la mienne, à mon tour,   795
Est au devoir du sang d'immoler mon amour.
Je n'examine point si mon père est coupable;
De complots, d'attentats, je le crois incapable:
Mais, eût-il sous mes yeux sacrifié son roi,
Criminel pour tout autre, il ne l'est pas pour moi;[142]   800
Ton cœur avec plaisir, pour venger la nature,
D'un crime imaginaire a conçu l'imposture.
D'un sang qui m'est si cher rougirais-tu ta main?
Quoi! Tu connais l'amour, et tu n'es pas humain![143]
Il en est temps encor. Prends pitié de toi-même: 805
Ne perce pas ce cœur, qui t'estime[144] et qui t'aime!
C'est ton amante en pleurs qui tombe à tes genoux;
Sur l'auteur de mes jours suspends du moins tes coups!...
Songe, si quelque erreur t'entraînait dans le crime,
Combien tes longs remords vengeraient ta victime!   810
Ne mets pas entre nous un rempart éternel,
Et ne me réduis pas au supplice cruel
D'avoir ma flamme à vaincre... et, que sais-je? peut-être
De trahir en t'aimant le sang qui m'a fait naître![145]

HAMLET.
Ah! dans ce cœur plaintif, indigné, furieux,   815

---

[142] MS265, 1813A, 1813B, 1815 reinstate lines 1001–04 (1770A).
[143] 1807(?) and 1808 omit lines 801–04; 1813A, 1813B, 1815 here reinstate lines 1009–12 (1770A).
[144] MS265, 1807(?), 1808, 1813A, 1813B, 1815: 't'accuse'.
[145] MS265 now rejoins 1770A at line 1023.

Vois l'amour balancer et mon père et les dieux,[146]
Mais non, mon père est mort, il faut que je le venge:
Un si saint mouvement n'admet point de mélange.
Nous pouvons l'un et l'autre éteindre notre amour;
Mais à mon père, hélas! qui peut rendre le jour?   820
Une semblable plaie est à jamais saignante.
On remplace un ami, son épouse, une amante;
Mais un vertueux père est un bien précieux
Qu'on ne tient qu'une fois de la bonté des dieux.

OPHÉLIE.
Hamlet… écoute encore…

HAMLET.
                       Épargne-moi tes larmes!   825
Je vois tout ton amour, ta douleur, et tes charmes.
Mais, quand l'amour plus fort, enchaînant mon courroux,
Aux autels, malgré moi, me rendrait ton époux,
Du pied de ces autels, reprenant ma colère,
De cette main bientôt j'irais venger mon père,   830
Verser le sang du tien, t'en priver à mon tour,
Et servir la nature en outrageant l'amour.
    (Il s'assied.)[147]

OPHÉLIE.
Ah! tu m'as fait frémir. Va, tigre impitoyable,
Conserve, si tu peux, ta fureur implacable!
Mon devoir désormais m'est dicté par le tien: 835
Tu cours venger ton père; et moi, sauver le mien.
Je ne le quitte plus; de tes desseins instruite,
Je vais l'en informer, m'attacher à sa suite,
Jusqu'au dernier soupir lui prêter mon appui,
Et, s'il meurt, l'embrasser et périr avec[148] lui.   840
Non, je ne croirai point qu'Hamlet impitoyable
Nourrisse avec plaisir un transport si coupable.
Le temps, l'amour, le ciel, vont bientôt t'éclairer;
Oh,[149] si de ton erreur rien ne te peut tirer,
Je n'entends plus alors, à te perdre enhardie,   845
Que l'intérêt du sang qui m'a donné la vie.

---

[146] 1813A, 1813B, 1815 reinstate lines 1029-36 (1770A).
[147] Stage direction omitted in 1807(?), 1808.
[148] 1813A, 1813B, 1815: 'près de'.
[149] 1813A, 1813B, 1815: 'Mais,'.

SCÈNE III.[150]

HAMLET, *seul*.

Ah! je respire enfin, j'ai su dompter l'amour.
Je puis à ma fureur me livrer sans retour.
     (*en regardant l'urne.*)
Gage de mes serments, urne terrible et sainte,
Que j'invoque en pleurant, que j'embrasse avec crainte,   850
C'est à vous d'affermir mon bras prêt à frapper.
Barbare Claudius, ne crois pas m'échapper!
Mais, quand j'aurai cent fois ma vengeance assouvie,
Est-il en mon pouvoir de te rendre la vie,
Mon trop malheureux père? Ah! prince infortuné,   855
Ou pourquoi n'es-tu plus? Ou pourquoi suis-je né?
Eh! quoi! Ton noble aspect, ton auguste visage,
Au moment du forfait n'ont point fléchi leur rage?
Les cruels... ils ont pu... Tu ne jouiras pas,
Perfide empoisonneur, du fruit de son trépas.[151]   860
Mais de mon père, ô ciel! je sens frémir la cendre.
Mes transports jusqu'à lui se sont-ils fait entendre?
Ô poudre des tombeaux, qui vous vient agiter?
Est-ce pour m'affermir ou pour m'épouvanter?[152]
Cendre plaintive et chère, oui, j'entends ton murmure: 865
Oui, ce poignard sanglant va laver ton injure:
C'était pour te venger que j'ai souffert le jour;
C'en est fait, je te venge, et je meurs à mon tour.
Mais que vois-je?

SCÈNE IV.[153]

GERTRUDE, HAMLET.

GERTRUDE.[154]
           Ah! mon fils! quel est ce front terrible,[155]
Ce regard menaçant, cet air farouche, horrible?[156]   870

---

[150] MS265, 1807(?), 1808: IV. 3.
[151] MS265, 1813A, 1813B, 1815 reinstate lines 1101–06 (1770A) at this point.
[152] Lines 861–64 omitted from 1807(?), 1808.
[153] MS265, 1807(?), 1808: IV. 4.
[154] Gertrude's name as speaker is missing from some copies of 1809, but this is clearly an oversight.
[155] MS265, 1807(?), 1808, 1813A, 1813B, 1815: 'sévère'.
[156] MS265, 1807(?), 1808, 1813A, 1813B, 1815: 'austère'.

HAMLET.
Ma mère!...

GERTRUDE.
    Explique-toi.

HAMLET.
       Tremblez de m'approcher.

GERTRUDE.
Qui, moi!

HAMLET.
    Ce n'est pas vous qui devez me chercher.

GERTRUDE.
Que dis-tu?

HAMLET.
    Savez-vous quel affreux sacrifice
Prescrit à mon devoir la céleste justice?

GERTRUDE.
Dieux!

HAMLET.
   Où mon père est-il? D'où part la trahison? 875
Qui forma le complot? Qui versa le poison?

GERTRUDE.
Mon fils!

HAMLET.
   Vous avez cru qu'un éternel silence
Dans la nuit des tombeaux retiendrait la vengeance;
Elle est sortie.

GERTRUDE.
   Ô ciel!

HAMLET.
    J'ai vu...

GERTRUDE.
      Qui?

HAMLET.
       Votre époux.

GERTRUDE.
Qu'exige-t-il?

HAMLET.
    Du sang.

GERTRUDE.
       Qui l'a fait périr?

HAMLET.
           Vous.   880

GERTRUDE.
Moi! J'aurais pu commettre une action si noire!

HAMLET.
Démentez donc le ciel qui me force à le croire.
Son instant est venu.

GERTRUDE.
      Vous oseriez penser?…

HAMLET.
De ce fer à vos yeux je voudrais me percer,
Si d'un pareil soupçon la plus faible apparence   885
Un moment dans mon cœur avait pris sa naissance:
Mais c'est le ciel qui parle, il doit être écouté.
Deux fois du sein des morts à mes yeux présenté
Mon père a fait monter la vérité terrible:
Ne traitez point d'erreur ce qui semble impossible;   890
Pour vous juger coupable il a fallu deux fois
Que la mort étonnée ait suspendu ses lois.
Vous me croyez trompé par mes esprits timides;
Mais, si des dieux partout l'œil suit les parricides,
Si d'eux, morts ou vivants, nous dépendons toujours,   895
Qui nous dit qu'à leur voix les monuments sont sourds?
Et qui connaît du ciel jusqu'où va la puissance?
En vain le meurtrier croit braver la vengeance.
Par un signe éclatant, s'il faut le découvrir,
Les[157] marbres vont parler, les tombeaux vont s'ouvrir: 900
Il verra tout à coup, pour lui prouver son crime,
Du cercueil ébranlé s'échapper sa victime;
Et ce flambeau du jour allumé par les dieux,
Ils n'ont qu'à dire un mot, va pâlir à nos yeux.

---

[157] MS265, 1807(?), 1808, 1813A, 1813B, 1815: 'Ces'.

Vous vous troublez, madame!

GERTRUDE.
        Eh! Puis-je, hélas! t'entendre 905
Sans céder à l'effroi qui vient de me surprendre?
Ah! laisse-moi, mon fils, à[158] ce comble d'horreur…

HAMLET.
Dans un cœur innocent d'où naît cette terreur?

GERTRUDE.
Comment ne pas frémir quand ta voix effrayante…

HAMLET.
Forcez donc mes soupçons à vous croire innocente. 910

GERTRUDE.
Que faut-il faire?

HAMLET.
    Il faut… c'est à vous de songer
Par quel nouveau serment je vais vous engager.

GERTRUDE.
Parle.

HAMLET, *il lui présente l'urne.*[159]
  Prenez cette urne, et jurez-moi sur elle:
« Non, ta mère, mon fils, ne fut point criminelle. »
L'osez-vous? Je vous crois.

GERTRUDE.
      Donne.

HAMLET.
        Vous hésitez. 915

GERTRUDE.
Ah! pardonne à mes sens encor trop agités…

HAMLET.
Attestez maintenant…
  (*Il lui met l'urne entre les mains.*)

---

[158] MS265, 1808, 1813A, 1813B, 1815: 'fils: ou'; 1807(?): 'fils; où'.
[159] 1815: '*lui présentant l'urne*'.

GERTRUDE.
                    Eh bien... oui... moi... j'atteste...
Je ne puis plus souffrir un objet si funeste.
      (*Elle tombe sans connaissance sur un fauteuil. Hamlet place l'urne sur
      une table qui en est près.*[160])

HAMLET.
Ma mère!

GERTRUDE.
                    Je me meurs!

HAMLET.
                              Ah! revenez à vous;
Voyez un fils en pleurs embrasser vos genoux!   920
Ne désespérez point de la bonté céleste.
Rien n'est perdu pour vous, si le remords vous reste.
Votre crime est énorme, exécrable, odieux;
Mais il n'est pas plus grand que la bonté des dieux.[161]
Chère ombre, enfin, tes vœux n'ont plus rien à prétendre;   925
L'excès de ses douleurs doit apaiser ta cendre.[162]

SCÈNE V.
GERTRUDE, HAMLET, ELVIRE.

ELVIRE.
Ah! madame, quel bruit au loin se fait entendre?[163]
À quels évènements faut-il donc nous attendre?
Parmi les flots du peuple, entouré de soldats,
Claudius vers ces lieux précipite ses pas.   930

HAMLET.
Lui, le monstre, qu'il vienne.
      (*Elvire sort.*)

---

[160] 1807(?), 1808, 1813A, 1813B, 1815: '*qui est à côté du fauteuil*'.
[161] It is at this point that the 1815 version breaks off definitively from the 1809 one. To continue reading the 1815 version, continue to Appendix B.
[162] At this point MS265, 1807(?) and 1808 all return to IV. 5 (1770A) for the rest of the act, with MS265 repeating lines 1171–84 (1770A) beforehand.
[163] Another non-standard pair of feminine rhyming couplets.

SCÈNE VI.
HAMLET, GERTRUDE[164]

GERTRUDE.

                Ah! mon fils que ta haine…

HAMLET.
Qu'il vienne, je l'attends, ma vengeance est certaine;
C'est le ciel, sous mes coups, qui l'amène aujourd'hui.

GERTRUDE.
Que la pitié te touche!

HAMLET.
               Il n'en est plus pour lui.

GERTRUDE.
Mon fils!…

HAMLET, *qui croit*[165] *voir encore le spectre.*
      La voyez-vous, cette ombre menaçante   935
Qui vient pour affermir ma fureur chancelante?

GERTRUDE.
Où suis-je?

HAMLET, *s'adressant au spectre.*
      Oui, je t'entends: tu vas être obéi.
Oui, tous deux dans leur sang…
   (*À sa mère.*)
                Que faites-vous ici?

GERTRUDE.
Grands dieux!

HAMLET.
      Savez-vous bien qu'en ce désordre extrême
Je puis, dans cet instant, attenter sur vous-même?   940

GERTRUDE, *se laissant tomber aux pieds d'Hamlet.*
Ah! ciel!

---

[164] 1813A, 1813B, 1815: 'GERTRUDE, HAMLET'.
[165] 1809: '*crois*', corrected here.

HAMLET.
           Qu'ordonnes-tu? De frapper? J'obéis.[166]
Mon père, tu la vois, grâce!... Je suis son fils.

GERTRUDE, *en se relevant.*[167]
Mon fils!

HAMLET.
           Eh bien! Ma mère... Ah dieux!... Mon cœur, peut-être,
D'un transport renaissant ne serait plus le maître.
Fuyez, sortez, vous dis-je: ou plutôt je vous fuis: 945
Je crains tout de moi-même en l'état où je suis.
    (*Il va pour sortir.*)[168]

SCÈNE VII.

GERTRUDE, HAMLET, CLAUDIUS, POLONIUS, NORCESTE, VOLTIMAND, SOLDATS, GRANDS DE L'ÉTAT, PEUPLE.[169]

NORCESTE, *entrant l'épée à la main et courant vers Hamlet.*
Peuple, sauvez Hamlet!

CLAUDIUS.
           Soldats, qu'on le saisisse!

HAMLET.
Monstre! Tu viens toi-même au-devant du supplice!
Vois cette cendre.

CLAUDIUS.
           Eh! bien?

HAMLET.
           C'est celle de ton roi.
Tu fus son assassin, songe à mourir.

CLAUDIUS.
           Qui, moi?   950

---

[166] Although no stage directions indicate that Hamlet draws a weapon here, the lithograph depicting Talma's performance during the 1807 run suggests that he might have modelled his gestures on those indicated by the 1769 text, turning his gaze away from his kneeling mother while raising a dagger over her. See Introduction, p. 14, and the frontispiece on p. viii.

[167] Stage direction omitted in 1813A and 1813B.

[168] Stage direction omitted in 1813A and 1813B.

[169] 1813A, 1813B: 'Peuple, etc.' It is not clear whether the two factions are entering from the same side of the stage.

HAMLET, *tirant un poignard et le frappant.*[170]
Oui, toi-même, barbare!
    (*aux conjurés.*)
                    Et vous, amis d'un traître,
Frappez, si vous l'osez, immolez votre maître.
Que ce corps expirant étendu sous vos yeux,
Vous montre en traits de sang la justice des dieux.
    (*Voltimand sort avec le corps de Claudius, Polonius, et de quelques autres conjurés qui s'éloignent.*)[171]

SCÈNE VIII ET DERNIÈRE.[172]
LES PRÉCÉDENTS, EXCEPTÉ VOLTIMAND, CLAUDIUS, POLONIUS, etc.[173]

HAMLET.
Rentrez dans le devoir, réparez votre offense;   955
Ce coupable immolé suffit à ma vengeance.

NORCESTE.
Qu'Hamlet vive à jamais et qu'il règne sur nous.

HAMLET.
Des dieux, allez[174] au temple apaiser le courroux.
Ciel! Que jamais en vain l'innocence n'implore,
Tu venges donc mon père!

GERTRUDE.
                  Il ne l'est pas encore.   960
Claudius a reçu le prix de ses forfaits:
Mais les dieux irrités ne sont pas satisfaits.
À leur juste fureur il manque une victime:
Le monstre conseilla, mais je permis le crime.
Qu'ai-je dit! Je fis plus: ce bras, ce bras cruel,   965
Offrit à mon époux le breuvage mortel.
De la nuit du tombeau, sa grande ombre irritée
Sollicitait ma mort, que j'ai trop[175] méritée.
Ce fils trop généreux, par un reste d'amour,

---

[170] 1813A and 1813B replace the two stage directions here with one: '*tirant un poignard, et s'adressant ensuite aux conjurés.*'
[171] 1813A, 1813B: '(*Voltimand sort avec le corps de Claudius, environné de Polonius et de quelques autres conjurés.*)'
[172] 1813A, 1813B: 'SCÈNE VIII.'
[173] 1813A, 1813B: 'GERTRUDE, HAMLET, GRANDS DE L'ÉTAT, etc.'
[174] 1813A, 1813B: 'Allez des dieux'.
[175] 1813A, 1813B, 1815: 'tant'.

Désobéit au ciel en me laissant le jour.   970
Puisqu'il n'ose venger un père déplorable,
C'est à moi maintenant de punir la coupable.
    (*Elle se tue.*)

HAMLET.
Que faites-vous, ma mère, en ces cruels moments?
Tout allait s'expier.

GERTRUDE.
               J'acquitte tes serments,
J'expire. Règne heureux.

HAMLET.
                  Moi! J'aimerais la vie!   975
Ma mère! Pour jamais, hélas! tu m'es ravie?[176]
Que tes remords, sur toi, fassent, du haut des cieux,
Descendre et les regards et le pardon des dieux!
Privé de tous les miens dans ce palais funeste,
Mes malheurs sont comblés, mais ma vertu me reste;   980
Mais je suis homme et roi: réservé pour souffrir,
Je saurai vivre encor; je fais plus que mourir.

FIN.

---

[176] 1813A, 1813B: A new scene starts here: 'SCÈNE IX. HAMLET, NORCESTE, etc.'

APPENDIX B: 1815 (v. 5–v. 9)

Variants taken from: 1813A, 1813B.

SCÈNE V.[1]
GERTRUDE, HAMLET, ELVIRE.

ELVIRE.
Ah, madame, tremblez! Consommant ses forfaits,
Claudius en fureur assiège le palais.
Norceste et ses amis en défendent la porte;
Mais Claudius, suivi d'une effroyable escorte,
Renverse tout obstacle, et peut-être à vos yeux 5
Va d'un combat funeste ensanglanter ces lieux.

HAMLET.
Claudius!
    (*Elvire sort.*)

SCÈNE VI.
GERTRUDE, HAMLET.

GERTRUDE.
    Ah! mon fils!

HAMLET.
        Lui! Ce monstre! Qu'il vienne,
Qu'il vienne, je l'attends; ma vengeance est certaine;
C'est le ciel sous mes coups qui l'amène aujourd'hui.

GERTRUDE.
Que la pitié te touche.

HAMLET.
       Il n'en est plus pour lui. 10

GERTRUDE.
Mon fils!

HAMLET.[2] (*Le spectre reparaît.*)
    La voyez-vous, cette ombre menaçante
Qui vient pour affermir ma fureur chancelante?

---

[1] This version continues from Appendix A, line 926.
[2] 1815: 'MAMLET'.

GERTRUDE.
Où suis-je?

HAMLET, *s'adressant au spectre.*
        Oui, je t'entends: tu vas être obéi.
Oui, tous deux dans leur sang… (*À sa mère.*) Que faites-vous ici?

GERTRUDE.
Grands dieux!

HAMLET.
        Savez-vous bien qu'en ce désordre extrême   15
Je puis, dans cet instant, attenter sur vous-même?

GERTRUDE, *se laissant tomber d'effroi aux pieds d'Hamlet.*
Ah, ciel!

HAMLET.
        Qu'ordonnes-tu? De frapper? J'obéis.
Mon père, tu la vois, grâce!… Je suis son fils.

GERTRUDE.
Mon fils!

HAMLET.
        Eh bien! Ma mère… ah! dieux!… Mon cœur, peut-être,
D'un transport renaissant ne serait plus le maître.   20
Fuyez, sortez, vous dis-je: ou plutôt je vous fuis:
Je crains tout de moi-même en l'état où je suis.
    (*Hamlet sort.*)

SCÈNE VII.[3]
ELVIRE, GERTRUDE.

ELVIRE.
Ah! madame!

GERTRUDE.
        Mon fils… où me cacher, Elvire?

ELVIRE.
Ah! courez le sauver!

GERTRUDE.
        Que me dis-tu? J'expire.

---

[3] 1813A and 1813B do not contain the following scenes; instead, they return to the text of v. 7 (1809) — see Appendix A, following line 946.

ELVIRE.
Vivez pour le défendre et le justifier; 25
Claudius parle au peuple; on l'entend s'écrier:
« Des noirs transports d'Hamlet apprenez le mystère!
« Le monstre pour régner empoisonna son père:
« Et son père est sorti de son tombeau sacré
« Pour dénoncer au monde un fils dénaturé. 30

GERTRUDE.
Qu'entends-je? Claudius... quoi! Sa rage impunie
Ose contre mon fils armer la calomnie!
Dieux vengeurs des forfaits dont on veut le flétrir,
Laissez-moi le défendre avant que de mourir.
(*Elle va sortir.*)

SCÈNE VIII.
GERTRUDE, HAMLET, ELVIRE, VOLTIMAND, GRANDS DE L'ÉTAT,
SOLDATS, PEUPLE, etc.

HAMLET.
Le ciel est apaisé; c'en est fait, sa justice 35
A conduit Claudius au-devant du supplice:
Aveuglé par les dieux, et trahi par le sort,
Aux portes du palais il a trouvé la mort.
Le traître osait sur moi porter sa main hardie;
Ce poignard à mes pieds l'a fait tomber sans vie. 40
Au nom de cette cendre et de ce ciel vengeur,
J'ai d'un père adoré puni l'empoisonneur.
Vous la voyez, amis, cette cendre sacrée,
Pour venger son trépas, de son tombeau tirée.
Que le corps du perfide, offert à tous les yeux, 45
Atteste en traits de sang la justice des dieux.
Au cœur qu'il égara promettez ma clémence;
Ce coupable immolé suffit à ma vengeance.

SCÈNE IX.
HAMLET, GERTRUDE, ELVIRE, NORCESTE, SUITE.

NORCESTE.
Qu'Hamlet règne sur nous, et qu'il vive à jamais!
Cher prince, un peuple immense entoure ce palais. 50
En vain des factieux la rage frémissante
Veut venger Claudius... La foule rugissante
Saisit son corps sanglant, et montre à leurs regards

Le spectacle effrayant de ses membres épars.
Tout prend la fuite, ou meurt: trompé dans son audace, 55
Le reste attend de vous son supplice ou sa grâce,
Tout le peuple s'avance et demande à vous voir.
Venez, paraissez, prince, et comblez son espoir.

HAMLET.
Ciel, que jamais en vain l'innocence n'implore,
Tu venges donc mon père!

GERTRUDE.
                         Il ne l'est pas encore. 60
Claudius a reçu le prix de ses forfaits;
Mais les dieux irrités ne sont pas satisfaits.
À leur juste fureur il manque une victime:
Le monstre conseilla, mais je permis le crime.
Qu'ai-je dit! Je fis plus: ce bras, ce bras cruel, 65
Offrit à mon époux le breuvage mortel.
De la nuit du tombeau, sa grande ombre irritée
Sollicitait ma mort, que j'ai tant méritée.
Ce fils trop généreux, par un reste d'amour,
Désobéit au ciel en me laissant le jour: 70
Puisqu'il n'ose venger un père déplorable,
C'est à moi maintenant de punir la coupable.
        (*Elle se tue.*)

HAMLET.
Que faites-vous, ma mère! en ces cruels moments,
Tout allait s'expier.

GERTRUDE.
                     J'acquitte tes serments.
J'expire; règne heureux.

HAMLET.
                         Moi, j'aimerais la vie! 75
Quand, hélas, pour toujours, ma mère m'est ravie!
Que tes remords sur toi fassent du haut des cieux
Descendre et les regards et le pardon des dieux.
Privé de tous les miens dans ce palais funeste,
Mes malheurs sont comblés, mais ma vertu me reste; 80
Mais je suis homme et roi: réservé pour souffrir,
Je saurai vivre encor; je fais plus que mourir.

FIN DU CINQUIÈME ET DERNIER ACTE.

APPENDIX C: C.-F. MS267 (IV. 6–V. 8)

SCÈNE IV.
GERTRUDE, HAMLET.[1]

GERTRUDE.
~~Mon fils!~~ Hélas!

HAMLET ~~(Le spectre reparaît)~~.
~~La voyez-vous,~~ <Craignez qu'ici> cette ombre menaçante
~~Qui vient~~ <Ne vienne> raffermir ma fureur chancelante?

GERTRUDE.
Où suis-je?

HAMLET, *s'adressant au spectre.*
        Oui, je t'entends: tu vas être obéi.
Oui, tous deux dans leur sang…
    (*À sa mère.*)
               Que faites-vous ici!

GERTRUDE.
Grands dieux!

HAMLET.
       Savez-vous bien qu'en ce désordre extrême   5
Je puis dans cet instant attenter sur vous-même?

GERTRUDE, *se laissant tomber d'effroi aux pieds d'Hamlet.*
Ciel!

HAMLET.
    Détournons les yeux.
      (*Il tire son poignard.*)

LE SPECTRE.
             Frappe.[2]

---

[1] This ending to Act IV is offered as a variant in 1770A, 1770B, 1770C, 1776A, 1776B, 1778.
[2] MS267: the words 'L'Ombre', 'Frappe', and 'Hamlet' are deleted and replaced with an illegible word, spoken by Hamlet (possibly 'cessez'). Ducis's decision to make the Ghost's voice audible might be inspired by Shakespeare, whose unseen Ghost is heard telling Hamlet and his companions, 'd'une voix tonnante, *jurez*' (LP, I. 13, p. 320); cf. '(*Cries under the stage.*) | Swear' (S, I. 5. 149).

HAMLET.
                    J'entends sa voix.
     (*Se tournant pour frapper sa mère.*)
C'en est fait. À mes pieds! Est-ce vous que j'y vois?

GERTRUDE, *en se relevant.*
Mon fils!

HAMLET.
          Eh bien, ma mère?… Ah! dieux… mon cœur peut-être,
D'un transport renaissant ne serait plus le maître.   10
Fuyez, sortez, vous dis-je: ou plutôt je vous fuis
Je crains tout de moi-même en l'état où je suis.

~~GERTRUDE, *à genoux.*~~[3]
     ~~Tu m'ôterais la vie!~~[4]
~~Que ton bras, s'il se peut, ne me l'ait pas ravie.~~
~~Hélas! c'est dans ce sein que mon sang t'a formé.~~
~~Songe avec quel transport je t'ai toujours aimé.~~   15
~~Mon crime, je le sais, est indigne de grâce.~~
~~Mais vois pleurer ta mère à tes pieds qu'elle embrasse.~~
~~Suspends ton bras vengeur.~~

~~HAMLET.~~
               ~~Grands dieux! Qu'ordonnez-vous?~~
~~Est-ce ma mère, ô ciel, qui tremble à mes genoux?~~

~~GERTRUDE, *en se levant.*~~
~~Mon fils!~~

~~HAMLET, *d'un air attendri.*~~
     ~~Écoutez-moi…~~
     (*~~précipitamment~~*) ~~Fuyez, mon cœur peut-être~~   20
~~De ce second transport ne serait plus le maître.~~

~~GERTRUDE.~~
~~Hélas!~~

~~HAMLET.~~
     ~~Sortez, vous dis-je, ou plutôt je vous fuis,~~
~~Je crains tout de moi-même en l'état où je suis.~~

---

[3] This alternative version of the scene's ending, subsequently deleted, might seem, in terms of both scansion and plot, to follow on from Hamlet's hemistich 'Détournons les yeux', although this would produce a sequence of two feminine rhyming couplets. Ducis might have deleted this potentially poignant scene because Gertrude's sudden fear of death struck him as out of keeping with her eventual suicide at the end of MS267.

[4] For the purposes of line numbering, this hemistich is counted as line 12a.

ACTE V.
SCÈNE I.[5]
GERTRUDE, ELVIRE.

ELVIRE.
Oui, Claudius, Madame, avant que de partir,[6]
Vous demande un instant pour vous entretenir.   25
Peu troublé du péril dont je viens de l'instruire,
C'est de vous seulement la grâce qu'il désire.

GERTRUDE.
Ah! qu'il fuie au plus tôt de ces funestes lieux.
Que servent entre nous d'inutiles adieux!
Ici près par mon ordre une troupe d'élite   30
Va marcher sur ses pas, et protéger sa fuite.
J'ai fait ce que j'ai ~~dû~~ pu pour défendre ses jours.
C'est à lui désormais d'en assurer le cours.
La mort habite, hélas! dans ce palais horrible.
Mais dis, que fait mon fils?

ELVIRE.
                       ~~Dans un sommeil~~ <En ce moment> terrible,   35
~~Tout avec Voltimand~~ <Dans un sommeil profond> il semble enseveli.
Par des efforts trop grands son corps est affaibli.
Il croit que Claudius par une fuite prompte
De son trépas certain vient ~~d'essuyer~~ <d'éviter> la honte.
Ne pouvant le poursuivre, il veut dans ces moments   40
Que l'on vole après lui pour le rendre aux tourments.
Cependant pour ses maux sa force anéantie
Fait croire à chaque instant qu'il va perdre la vie.
Épuisé par l'excès de ses longues douleurs,
Il languit étendu sans force et sans couleurs.   45
Quelquefois seulement entrouvrant la paupière,
Il prononce en pleurant le tendre nom de mère.

---

[5] The *Lettre* blames Ducis for neglecting the coronation subplot: 'Vous avez oublié de nous parler du couronnement, dont la reine veut, au premier, qu'on fasse sur le champ les apprêts. Vous avez négligé aussi de nous informer si la conjuration allait son train…' (*Lettre*, p. 34). For Diderot, this scene is superfluous: Gertrude simply repeats 'en d'autres termes exactement la même scène qu'elle a eue avec sa confidente à la fin du second' (Diderot, '*Hamlet*', p. 474).

[6] Since all versions of Act IV end with the rhyme 'fuis/suis', these opening lines introduce another masculine couplet. The *Lettre* complains that Gertrude spends too much time in this scene 'en lamentations inutiles' rather than rushing to help her son (*Lettre*, p. 35).

GERTRUDE.
Ah! je le crois, Elvire; il ne peut me haïr.
La nature en son cœur ne saurait se trahir.
Je n'en étais pas digne. Avec quelle tendresse, 50
Tantôt, lorsque sur moi sa fureur vengeresse
Tenait déjà le fer prêt à percer mon sein,
La nature plus forte a retenu sa main!
Ses esprits égarés dans ces moments funestes
Combattaient l'ascendant des volontés célestes; 55
Et les dieux par son bras qui voulaient me punir,
Ont demandé vengeance, et n'ont pu l'obtenir.
Elvire, à mes tourments je sens que je succombe.
Déjà d'un œil content j'envisage la tombe.
Mais avant de mourir, promets-moi que du moins 60
Ta tendresse à mon fils continuera ses soins.
À ses yeux seulement déguise un peu mon crime.
Dis-lui comment l'amour m'entraîna dans l'abîme.
Qu'il apprenne par toi, de mes remords instruit,
Que mes feux dans mon cœur n'avaient pas tout détruit; 65
Que je l'aimai toujours; que la mort de son père
M'avait encor laissé des entrailles de mère;
Qu'à le chérir enfin ce cœur se fût borné!
Sans la coupable ardeur qui l'a seule entraîné.

ELVIRE.
Que cet amour d'un fils, ce seul bien qui vous reste, 70
Serve à calmer en vous un transport si funeste.
De ce devoir touchant faites-vous une loi.
Cherches-y le bonheur.

GERTRUDE.
              Il n'en est plus pour moi.
À quel degré tantôt j'ai poussé l'artifice!
Ni l'aspect de ce ciel armé pour mon supplice, 75
Ni le sang d'un époux que j'osais insulter,
Ni ses cendres d'abord n'ont pu m'épouvanter.
Qui suis-je donc? Mon fils à son devoir fidèle,
Des plus rares vertus m'offre ici le modèle.
Son cœur est pur; ô honte! et le mien furieux 80
Voudrait dans ses transports douter s'il est des dieux.
Ah! sans doute il existe une équité suprême!
Je l'éprouve à l'horreur que je sens pour moi-même.
Je crois voir mon époux du séjour ténébreux
Me crier: « viens, suis-moi dans cet abîme affreux. » 85

Il semble encor m'offrir la coupe empoisonnée,
La coupe où par mes mains la mort lui fût donnée.
Cesse enfin de te plaindre, époux trop malheureux!
Mes remords m'ont punie au-delà de tes vœux.
~~Des plus actifs venins jamais la barbarie~~ 90
~~De ce remord vengeur n'égale la furie;~~
~~Et depuis ton trépas ce cœur désespéré~~
~~Au repos du cercueil a sans cesse aspiré.~~

SCÈNE II.
GERTRUDE, CLAUDIUS, ELVIRE.

GERTRUDE, *à Claudius.*
Que cherchez-vous, seigneur? Quelle imprudente audace
Vous fait chercher ici la mort qui vous menace? 95

CLAUDIUS.
Moi! Vous quitter, madame, et loin de ce palais…

GERTRUDE.
Vous le savez, seigneur: pour punir nos forfaits
La vengeance des dieux est encor suspendue.
Leur voix nous a parlé, leur main s'est étendue.
C'est en nous repentant qu'il faut la prévenir. 100
Voilà le nœud sacré qui doit seul nous unir.
J'ignore si bravant le remord qui m'éclaire,
Vous le traitez encor de préjugé vulgaire.
Faiblesse, erreur, n'importe, il confirme à mes yeux
La grandeur de mon crime et l'équité des dieux. 105
Puissions-nous l'un et l'autre apaiser leur justice!
Et tandis qu'en ces lieux votre triste complice,
En pleurant son forfait, va trembler sous leurs coups,
De mon fils en fuyant évitez le courroux.
         (*Des gardes paraissent.*)
Mais c'en est trop, partez. Gardes, je vous confie 110
Le soin de sa retraite et celui de sa vie.
Sous un ciel plus tranquille accompagnez ses pas.
Allez, marchez, fuyez; ne l'abandonnez pas.

SCÈNE III.
GERTRUDE, CLAUDIUS, NORCESTE, ELVIRE, GARDES.

NORCESTE.
Tout le palais, madame, est plongé dans le trouble.
De moments en moments le tumulte redouble. 115

De hardis conjurés, de mille autres suivis,
Vont enlever bientôt le sceptre à votre fils.
D'une commune voix cette foule coupable
De régner désormais le déclare incapable.
Tout tremble à leur aspect; et leurs cris confondus 120
Ont déjà pour leur roi proclamé Claudius.

GERTRUDE.
Ô ciel!

NORCESTE.
         Polonius a conduit l'entreprise.
Au perfide qu'il sert la couronne est acquise.
Partout en même temps leur dessein se poursuit
On cherche Hamlet. On court, tout s'alarme; tout fuit. 125
Et s'il vous faut, hélas! expliquer mes alarmes
Le prince en ce moment est sans suite et sans armes.

GERTRUDE.
~~Qu'entends-je? Ah, mes amis,~~ <Norceste, Elvire, allons,> volons à son secours.
C'est votre Prince, hélas. Il y va de ses jours.
         (*Norceste ~~et sa suite~~ sortent.*)

SCÈNE IV.
GERTRUDE, CLAUDIUS, POLONIUS, ELVIRE, TROUPE DE REBELLES.

CLAUDIUS.
Paraissez, mes amis, venez, troupe fidèle, 130
Conduisez votre maître au trône qui l'appelle.
C'est le sang de vos rois en moi que vous servez.

GERTRUDE.
Ah, connaissez plutôt quel monstre vous suivez.
Voyez ce Claudius: c'est un barbare, un traître.
J'ai perdu ~~pour~~ <par> lui seul mon époux, votre maître. 135
Seul il a tout conduit; j'ai vu la trahison.
Il a conçu le crime, il versa le poison.

ELVIRE.
Qu'allez-vous dire~~?~~, ô ciel!

GERTRUDE.
              ~~Que sais-je?~~ Et que m'importe, Elvire?
Je renonce à la vie, à la gloire, à l'empire.
         (*Aux mêmes gardes.*)
Par pitié, mes amis, pour terminer mon sort, 140
Immolez ce perfide, et donnez-moi la mort.

CLAUDIUS.[7]
D'un si lâche forfait je serais le complice?
Pensez-vous les tromper par ce vain artifice?
Votre aveu vous trahit. Tremblez. Et vous, soldats,
Observez la coupable et retenez[8] ses pas.   145
    (*Il sort.*)

SCÈNE IV.
GERTRUDE, CLAUDIUS, POLONIUS, NORCESTE, ELVIRE, GARDES, TROUPE DE REBELLES.

POLONIUS, *entre précipitamment à la tête d'une troupe nombreuse de conjurés qui ont tous l'épée à la main.*
    (*À Claudius.*)
Venez, seigneur, venez. Cette troupe fidèle
Pour combattre avec vous vous cherche et vous appelle.
Par nos amis déjà le prince est entouré.

GERTRUDE.
À quels périls, grand dieux! mon fils est-il livré!

NORCESTE, *aux gardes appelés par la reine.*
Courons le secourir.
    (*Ils sortent avec lui.*)

GERTRUDE.
              ~~Suivons-le, chère Elvire.~~   150
~~Si je ne puis, hélas! empêcher qu'il n'expire,~~
~~Auprès d'un fils du moins j'attendrai le trépas.~~
    (~~Elvire sort.~~)

~~CLAUDIUS.~~
~~Amis, gardez la reine et retenez ses pas.~~
    (~~Quelques-uns des rebelles se détachent des gardes de la reine. Les autres suivent Claudius qui sort aussitôt.~~)

SCÈNE V.
GERTRUDE, *seule.*

Enfin dans mon palais me voilà prisonnière!
La noirceur du barbare a paru toute entière.   155
Quoi! Dans le même instant ou par un prompt secours,
J'écartais ses périls, je veillais sur ses jours!

---

[7] The four lines that follow are a later addition.
[8] MS267 gives 'retenir'; I have corrected this.

J'aplanissais pour lui tout obstacle à l'empire.
Que dis-je? En ce moment mon fils peut-être expire.
Déjà ses ennemis ont su l'envelopper. 160
Comment à tant de coups pouvait-il échapper?
Ils vont... troupe perfide, apprends à le connaître.
Tu vas verser mon sang, c'est mon fils, c'est ton maître.
Et toi, spectre terrible et qui dans ce séjour
As troublé la nature, et fait pâlir le jour, 165
Si ton aspect est vrai, s'il faut venger ta cendre,
Viens, ton fils va périr, parais pour le défendre.
Où vais-je? Ô désespoir! Ô transports superflus!
On vient. Ah je suis mère et mon fils ne vit plus.
Mon cœur me l'annonçait, je sens à mes alarmes 170
Il est mort...

SCÈNE VI.
GERTRUDE, ELVIRE.

ELVIRE.[9]
        Il respire, et tout cède à ses armes.
Les conjurés déjà l'avaient presque ~~accablé~~ entouré.
Sa garde à son secours aussitôt a volé.
Voltimand la guidait. Dans ce moment terrible,
Hamlet, le fer en main, semblait être invincible. 175
J'ai vu pourtant, j'ai vu l'excès de sa valeur
Prêt à céder deux fois sous l'effort du vainqueur.
Le peuple accourt... Le peuple! Ah qui pourrait décrire
Et l'amour qui l'embrase et le feu qui l'inspire?
Pour un prince adoré quel invincible appui! 180
Tous volent vers Hamlet, tous vont périr pour lui.
L'un court au loin des traits écarter la tempête.
L'autre, reste plus près, en garantit sa tête;
Celui-ci, plus heureux en recevant la mort,
Regarde encor son roi, tombe et bénit son sort. 185
Hamlet voit en pleurant leur zèle et leur courage.
Soudain l'on n'entend plus dans l'excès du carnage,
Parmi les cris d'horreur et de plainte et d'effroi,
Que « Meure Claudius et vive notre roi! »
Polonius n'est plus. Son parti tremble, hésite. 190
Claudius un moment croit arrêter leur fuite.

---

[9] The author of the *Lettre* criticises the length of this speech and Gertrude's indifference and patience: 'Ô bavard, mais éloquent Théramène, de combien d'ennuyeux récits n'es-tu pas le père' (*Lettre*, p. 35).

Le roi vers lui s'élance, et veut l'envelopper.
« Perfide, lui dit-il, ne crois pas m'échapper. »
Ce coupable résiste, il frappe, il se ranime.
Chaque coup sous ses pieds renverse une victime.   195
Mais son épée enfin ne sert plus sa fureur.
Elle se brise: ô rage, ô moment plein d'horreur!
« Je vois, dit-il, Hamlet, ce que tu te proposes,
« N'espère pas pourtant que de moi tu disposes,
« Je ferai seul mon sort, et puisqu'il faut périr,   200
« C'est par mes mains encor que je saurai mourir.
Il dit, et d'un poignard qu'il cachait à la vue,
Il se donne à ces mots une mort imprévue;[10]
~~Et soudain sans gémir le tirant de son flanc,~~
~~« Prends ce poignard, dit-il, vois y fumer mon sang.~~   205
~~« Si je t'ose en mourant demander un service,~~
~~« C'est que ton bras du moins le montre à ma complice. »~~
Il tombe, et votre fils, vengé, victorieux,
Dans l'instant sur mes pas va paraître à vos yeux.
Lui-même il vient ici vous porter ces nouvelles.   210

SCÈNE VII.

HAMLET, GERTRUDE, ELVIRE, TROUPE DE GARDES ET DE PEUPLE.

HAMLET.
Il suffit: j'ai vaincu. Je fais grâce aux rebelles.
Enfin mon ennui cesse, et mon père est vengé.
Ce fer que dans les flancs un traître s'est plongé
Doit aux regards ~~du ciel~~ des dieux expier tout le crime.
Voyez fumer encor le sang de la victime.   215
    (*À sa mère.*)
Regardez ce poignard.

GERTRUDE, *avec un air calme et de joie.*
                    Ah! mon fils, laisse-moi
Goûter en le voyant ta vengeance avec toi.
Claudius... tu le sais... mon cœur fut son complice.
    (*Arrachant brusquement le poignard des mains de son fils.*)
Et je dois...

---

[10] Eighteenth-century critics were dissatisfied with Claudius's suicide, which, as Collé pointed out, frustrates Hamlet of his duty to avenge himself. The author of the *Lettre* declares that 'Je n'aime pas qu'Hamlet ait ramassé le poignard dont s'est percé Clodius [*sic*]; il y a quelque chose qui choque dans cette action; voilà pourquoi je voudrais que ce fût Lorcestre [*sic*, for Norceste] qui le tuât' (*Lettre*, p. 37).

HAMLET.
   Arrêtez.

GERTRUDE.[11]
     Je me suis fait justice.
Le crime, mon cher fils, fit égal entre nous.   220
J'ai partagé ta peine, et vengé mon époux.[12]

SCÈNE VIII.
HAMLET, GERTRUDE, OPHÉLIE, ELVIRE.

OPHÉLIE.[13]
Lorsque mon père, hélas! vient de perdre la vie,
Permettez... mais que vois-je?

GERTRUDE.
     ~~Écoutez~~ Approchez, Ophélie.
Je meurs. Le ciel est juste. Au moins, il a permis
Que l'hymen puisse ~~un jour~~ encor vous unir à mon fils.   225
Son bras n'est point souillé du sang de votre père.
Nous devions l'un et l'autre un exemple à la terre.
~~Hélas! Depuis mon crime, en ma funeste ardeur,~~
~~J'ai senti des travaux, et jamais de bonheur.~~
<Depuis mon crime, hélas, jamais d'aucun bonheur>   230
<Le charme consolant n'est entré dans mon cœur>.
J'aurais pu surmonter ma flamme en sa naissance,
Le ciel a confondu ma superbe imprudence.
~~Puissent les noms~~ Que ces noms si touchants et de femme et d'époux
~~Précieux et sacrés, [illegible] toujours pour vous~~   235
Efface et la mémoire et les horreurs du [illegible]
Autant que les autels être sacrés pour vous.
Et si contre des nœuds si chers, si légitimes,
Un séducteur jamais opposait ses maximes;
Pour sauver du péril vos innocentes mœurs   240
Regardez ce poignard... embrassez-moi, je meurs.
  (*Hamlet et Ophélie sont à ses pieds. La toile tombe.*)

FIN

---

[11] Despite the lack of stage direction, Gertrude clearly stabs herself here.
[12] This couplet is crossed out and then reinstated.
[13] 'Clodius [*sic*] mort, la reine tuée... arrive Ophélie... que vient-elle faire là? Être sermonnée et épousée...' (*Lettre*, p. 38).

APPENDIX D: 1808 (v. 1–8)

Variants taken from 1807(?)

SCÈNE PREMIÈRE.
CLAUDIUS, POLONIUS.

CLAUDIUS.
Ainsi, j'ai vainement, trompé par mes caresses,
Ébloui par mon or, charmé par mes promesses,
Préparé mon triomphe et sans trouble et sans bruit!
Tout mon bonheur m'échappe; un moment l'a détruit!
Ô honte! Ô désespoir! Quoi? Ce conseil ordonne 5
Qu'un fantôme de roi porte ici la couronne!
Il vient de commander, ce conseil odieux,
Qu'Hamlet soit, dès demain, couronné sous mes yeux!
De vains cris échappés à ce peuple volage,
Ont suffi pour éteindre et glacer son courage! 10
Ô sort! En quel état réduis-tu mes desseins?
Mais le trépas, ami, n'est pas ce que je crains:
L'espoir me reste encore, il s'agit d'un empire,
Et pour qu'Hamlet triomphe, il faudra que j'expire.

POLONIUS.
À peine dans ces murs Norceste s'est montré,
Que le parti d'Hamlet s'est soudain déclaré; 15
Son retour a paru ranimer leur audace,
De leurs desseins secrets je recherchais la trace;
J'avais ouvert vos yeux sur ce pressant danger,
Quel pouvoir ennemi vous l'a fait négliger?
Ces complots, par Norceste encouragés d'avance, 20
Pour éclater, sans doute, attendaient sa présence.
Je n'en saurais douter, vos périls sont affreux,
Ils vont fondre sur vous, marchez au-devant d'eux.
Reculer, c'est vous perdre; ou, si bientôt vous-même
Ne ramenez le sort par votre audace extrême, 25
Si prompt à vous trahir, lent à vous protéger;
Vous tardez d'un[1] moment...

---

[1] 1807(?): 'un'.

CLAUDIUS.
                         Ami, tout va changer.
Mais dis, en ce palais, sais-tu ce qui se passe?
Est-on loin d'y[2] prévoir le coup qui les menace?
Que fait Hamlet? La reine?

POLONIUS.
                         On ne sait qu'augurer.   30
Dans son appartement elle vient de rentrer.
Elle quittait son fils, éperdue, en alarmes,
Ses sens étaient troublés, ses yeux remplis de larmes.
Elle s'est enfermée en disant quelques mots,
Et l'on a de sa chambre entendu des sanglots.   35
À ce bruit, aussitôt on a volé vers elle;
Les soins, les prompts secours, l'empressement, le zèle,
Elle repousse tout, elle marche à grands pas,
Sa voix prend un accent qu'on ne connaissait pas;
Et dans le trouble affreux dont l'horreur la déchire,   40
Elle ordonne à l'instant que chacun se retire.
Le palais se referme, et depuis ces moments,
Le silence a fait place à ses gémissements.

CLAUDIUS.
Qu'entends-je?

POLONIUS.
                    Elle vous sert. Ce chagrin solitaire
Vous sauve une présence à vos desseins contraire.   45

CLAUDIUS.
Mais qu'annoncent enfin ces transports imprévus?

POLONIUS.
Je l'ignore, seigneur: ce que je sais de plus,
C'est que son fils, dit-on, dans sa sombre colère,
Tenant un fer en main et l'urne de son père,
Dans sa chambre est rentré,[3] pâle, éperdu, souffrant,   50
Et qu'enfin sur son lit est tombé mourant.

CLAUDIUS.
Il sait tout, et voilà le sujet de sa haine.
Mais ce peuple inconstant et que Norceste entraîne...

---

[2] 1807(?): 'de'.
[3] 1807(?): 'entré'.

POLONIUS.
Mes agents inconnus, dans la foule mêlés,
Calmeront ses esprits un instant aveuglés. 55
Reposez-vous sur moi, sur des amis sincères,
Pour dissiper ces bruits à nos desseins contraires:[4]
Mais la nuit peut, surtout, dans un moment heureux,
Servir vos ennemis; servez-vous-en contr'eux;
Attaquez le premier, seigneur, daignez m'en croire: 60
C'est un instant bien pris qui donne la victoire.
Pour vous tous vos amis vont voler au trépas.
Osez, je réponds d'eux.

CLAUDIUS.
                Mais, dis-moi, les soldats…

POLONIUS.
Sont à vous.

CLAUDIUS.
        Ce palais…

POLONIUS.
                  Une garde fidèle
En protège l'enceinte et je vous réponds d'elle. 65

CLAUDIUS.
Eh bien, il faut agir, profitons du moment;
Hamlet est retiré dans son appartement.
Lorsque je veille ici sur les pas de sa mère,
Avec les plus hardis, Oscar, Norex, Faustère
Pénètrent jusqu'à lui. Que surpris, étonné, 70
Vaincu, seul, sans secours, d'armes environné,
La mort soit sur sa tête; et dans l'instant, propose,
Présente à sa terreur l'écrit qui le dépose;
Écrit où sa langueur me presse d'accepter
Ce grand fardeau des rois qu'il ne peut pas porter, 75
Ce sceptre qu'en mes mains sa faiblesse résigne.
Je t'avoûrai[5] de tout; menace, et qu'il le signe.

POLONIUS.
Est-il prêt?

---

[4] Lines 56–57 are missing from 1808, producing a pair of consecutive masculine rhyming couplets. I have reinstated them from 1807(?).
[5] *Sic*; see note 39, p. 37.

CLAUDIUS.
          Le voilà.

POLONIUS.
                    Mais ne craignez-vous pas
Que sur vous aussitôt réclamant ses États...
Et si jamais le sort entre ses mains vous livre...   80

CLAUDIUS.
Un roi dépossédé n'a pas longtemps à vivre.
Il est perdu, surtout si l'on s'arme en son nom,
Et jamais son tombeau n'est loin de sa prison.
Mais je crains les transports d'une mère éperdue.
Agissons, il est temps, mais avec retenue.   85
Couvrons un si grand coup d'un respect apparent;
Je plaindrai même Hamlet; d'un œil indifférent,
Je feindrai d'accepter ce pesant diadème,
Ce rang, d'où je l'aurai précipité moi-même.
Si j'ai ce titre en main, si tu peux l'arracher,   90
Vers le trône à l'instant tu me verras marcher.
Demain avec le jour, tandis qu'Hamlet tranquille,
Gémira surveillé dans ce palais servile,
J'assemble les états: ce titre inattendu
Étonne et me soumet le peuple confondu.   95
Mes amis, du respect donneront les exemples;
Et l'encens, en mon nom, fumera dans les temples.

POLONIUS.
C'est cet écrit, seigneur, qui vous fera régner.
Mais si pourtant Hamlet refusant de signer...

CLAUDIUS.
Alors je dois sauver mes amis, moi, l'empire.   100

POLONIUS.
Seigneur, par quel moyen?

CLAUDIUS.
                    Eh! faut-il te le dire?
Frappe, et que mes amis par leur zèle emportés,
Dans la ville, au palais volent de tous côtés.
Qu'ils répandent partout qu'Hamlet dans sa furie,
Après avoir d'un père osé trancher la vie,   105
N'a pu porter longtemps le poids de ses remords,
Que livré cette nuit à d'horribles transports,
Il a des dieux enfin, implorant la colère,

APPENDIX D 159

Apaisé par sa mort les mânes de son père…
Ces bruits partout semés adroitement par vous, 110
Vont me conduire au trône, et font le bien de tous.[6]

POLONIUS.
Je vais choisir des bras qu'aucun cri n'épouvante,
Et si par son refus il trompe notre[7] attente,
S'il ne signe à mes yeux cet écrit important,
Contraint à tout risquer, je l'immole à l'instant. 115

CLAUDIUS.
Tremble de trop tarder. Il est plus d'une issue
Par où sa fuite adroite, et sans être aperçue,
Peut aisément la nuit le soustraire à nos coups.
Prévenons les périls qui nous menacent tous.
Si sa mère ou le peuple a le plus faible indice, 120
Le prince nous échappe et nous mène au supplice.
Va, ne perds point de temps, il est trop précieux.

POLONIUS.
Je cours pour vous servir.

CLAUDIUS.
                 Je t'attends dans ces lieux.

SCÈNE II.
CLAUDIUS, *seul*.

Ô ciel! Autour de moi que de périls ensemble!
Le trône est sous mes yeux, je le touche, et je tremble. 125
Tantôt j'étais tranquille, et tout vient m'agiter.
Quel pas je vais franchir! Quel coup je vais tenter!
Qu'entends-je? Ah! si déjà leur vive impatience
Eût prévenu mes vœux, rempli mon espérance!…
Mon cher Polonius, me trompé-je? Est-ce toi? 130
Quoi, déjà? viens, approche…

SCÈNE III.
CLAUDIUS, OPHÉLIE.

CLAUDIUS.
                Ah! Ma fille!

---

[6] These lines are missing from 1808; I have reintroduced them from 1807(?).
[7] 1807(?): 'mon'.

OPHÉLIE.
                        C'est moi.

CLAUDIUS.
Qui vous amène ici dans l'horreur des ténèbres?

OPHÉLIE.
J'erre à pas incertains sous ces voûtes funèbres;
J'observe ce palais, j'y vois avec horreur
Des regards menaçants; je cherche en ma terreur   135
La chambre de la reine, elle est inaccessible;
Tout est sourd à mes cris, tout me semble insensible;
On m'a même vers vous fermé tous les chemins;
Des soldats sont partout, le fer est dans leurs mains.
Dans la ville, en ces murs, la discorde, la guerre,   140
La mort est sur nos pas. Où sommes-nous, mon père?
Contre qui donc, ô ciel! vont éclater les coups?

CLAUDIUS.
Rassurez-vous, ma fille, allez, retirez-vous.
Les périls sont pressants, ce palais est plein d'armes,
C'est trop m'y faire voir vos pleurs et vos alarmes.   145
Il est plus d'un souci qui doivent m'occuper.
Ce terrible appareil qui vient de vous frapper,
L'intérêt de l'État le commande et l'exige.
Dans votre appartement retirez-vous, vous dis-je,
Ne mettez point d'obstacle à des soins importants.   150
Obéissez, ma fille.

OPHÉLIE.
             Hélas! Dans ces instants
Le peuple est soulevé. L'on prétend que Norceste...

CLAUDIUS.
De ces vils factieux il dissipe le reste.
Mais, je vous le répète, il faut vous retirer.

OPHÉLIE.
Par quelle erreur, ô ciel! vient-on de m'égarer?   155
On m'assurait qu'Hamlet...

CLAUDIUS.
                    En ce moment terrible,
Près d'Hamlet, grâce au ciel, tout est calme et paisible;
Je veille sur ses jours.

OPHÉLIE.
>Des conjurés sans bruit
L'ont, dit-on, du palais enlevé cette nuit.

CLAUDIUS.
Qu'entends-je?

OPHÉLIE.
>On dit qu'il vient armé par la vengeance,   160
Respirant la fureur, suivi d'un peuple immense…

CLAUDIUS.
Ah, grands dieux! S'il était prêt d'en venir aux coups!
Hamlet, il n'est donc plus que deux places pour nous;
Au vainqueur c'est le trône, au vaincu c'est la tombe.
Voilà notre destin, malheur à qui succombe.   165

OPHÉLIE.
Ciel! que viens-je d'entendre? Ah, seigneur!…

CLAUDIUS.
>Laisse-moi.

OPHÉLIE.
Ah respectez ses jours.

CLAUDIUS.
>Que m'est-il?

OPHÉLIE.
>Votre roi.
Cessez d'être coupable, ou m'immolez[8] sur l'heure.
Attachée à vos pieds, malgré vous j'y demeure.

CLAUDIUS.
À qui veut mon trépas peux-tu donner des pleurs?   170
Tremble! Retiens tes cris, renferme tes douleurs.
Sors d'ici, malheureuse. Amis…

SCÈNE IV.
CLAUDIUS, OPHÉLIE, SOLDATS DE CLAUDIUS.

CLAUDIUS.
>Qu'on la ramène,
Et qu'une garde sûre ici près la retienne.
>(*Les soldats emmènent[9] Ophélie.*)

---

[8] A poetic variant on 'Immolez-moi'.
[9] 1807(?): 'amènent'.

SCÈNE V.
CLAUDIUS, POLONIUS, CONJURÉS.

POLONIUS.
Seigneur, Hamlet a fui. Nous avons vainement
Parcouru les détours de son appartement. 175
Par des chemins secrets, Norceste avec sa[10] suite,
N'a que trop bien la nuit favorisé sa fuite.
Ce palais est déjà par le peuple investi;
Hamlet à chaque instant voit croître son parti.
Le vôtre est ébranlé: vos soldats, en grand nombre, 180
Ont déserté bientôt à la faveur de l'ombre;
D'autres sont incertains, mais d'autres étonnés,
Ont été par le peuple et l'exemple entraînés.

CLAUDIUS.
Grands dieux! Je suis trahi! Mes soldats… les perfides!

POLONIUS.
Mais il vous reste encor des amis intrépides, 185
Armés de désespoir, terribles dans leurs coups,
Et qui tous, comme moi, vont mourir près de vous.

CLAUDIUS.
Non, non, mes chers amis, la résistance est vaine;
Il est temps de céder au torrent qui m'entraîne.
Amis, secondez-moi, par un autre secours, 190
Je vais tenter le sort et défendre vos jours:
Le fer n'agira point. Dans cet instant funeste,
Une arme plus terrible et plus sûre me reste.

POLONIUS.
Les voici: voyez-vous ces armes, ces flambeaux;
Leur fureur se rallume avec des cris nouveaux. 195
Déjà vers ce palais s'avancent des escortes,
On en franchit l'enceinte, on en brise les portes.

SCÈNE VI.
CLAUDIUS, POLONIUS, CONJURÉS, NORCESTE, HAMLET, VOLTIMAND, SOLDATS, PEUPLE.

HAMLET, *l'épée à la main et l'urne de son père dans ses bras.*
Peuple,[11] soldats, amis, au nom des justes dieux,

---

[10] 1807(?) omits 'sa'.
[11] 1807(?): 'Peuples'.

Arrêtez dans l'instant ce monstre audacieux.
Vous connaissez enfin cet horrible mystère: 200
Le cruel, de sa main, empoisonna mon père.

CLAUDIUS.
Dieux! Quelle horreur!

HAMLET.
               Frémis.

CLAUDIUS.
                   Moi frémir! Et pourquoi?
Je me livre, soldats, venez, entourez-moi.
Voyez-vous que je tremble et que mon front s'étonne?
Si j'immolai mon roi, ce fut pour la couronne.   205
On ne frappe un tel coup que pour en profiter.
Au rang de des aïeux m'a-t-il donc vu monter?
Mais lui, pourquoi ces cris, ces visions funèbres?
Ces longs gémissements poussés dans les ténèbres?
Quelle en est donc la cause? Où faut-il la chercher?   210
Sous quel masque imposant a-t-il su se cacher?
Eh bien! déchirons donc ce voile trop coupable,
Ce voile qui couvrait un crime épouvantable,
Le plus affreux complot, le plus noir des forfaits,
Que nous avons juré de cacher à jamais.   215
Lui-même, pour régner, empoisonna son père.

HAMLET.
Ô monstre!

CLAUDIUS.
        Frémis, j'ai pour témoin ta mère.

HAMLET.
Ma mère? Que dit-il?

CLAUDIUS.
                Souffrirez-vous, Danois,
Qu'un lâche empoisonneur vous donne ici des lois?

HAMLET.
Grands dieux!

CLAUDIUS.
            Le voyez-vous? Ses regrets le trahissent;   220
La vérité l'accable et ses genoux fléchissent.
Le crime est frémissant, soupçonneux, agité;
Mais l'innocence marche avec tranquillité.

SCÈNE VII.
CLAUDIUS, POLONIUS, CONJURÉS, HAMLET, NORCESTE, VOLTIMAND, GERTRUDE, SOLDATS, PEUPLE.

GERTRUDE.
Ciel! que vois-je? Et pourquoi ce désordre, ces armes,[12]
Ces flambeaux, ces clameurs, tout ce peuple en alarmes,   225
Au milieu de la nuit, au sein de ce palais?

HAMLET.
Ma mère... croiriez-vous... ô comble de forfaits!
Il m'accuse... il prétend...

GERTRUDE.
                    Eh bien?

HAMLET.
                            Ma voix expire.

NORCESTE.
Devant ce peuple enfin, madame, il faut tout dire.
Est-il vrai que d'Hamlet le père infortuné   230
Par les mains de son fils est mort empoisonné?

GERTRUDE, *à Claudius.*
Ah! grands dieux! Quoi, c'est toi dont la rage impunie,
Ose contre mon fils armer la calomnie!
Eh, dis-moi, malheureux! Ne t'en souvient-il pas?
Nous avons tous les deux conspiré son trépas.   235

CLAUDIUS.
Quoi, soldats! Vous croyez...

GERTRUDE.
                    Pour fuir tes justes[13] peines,
Que ne m'imitais-tu! La mort est dans mes veines.
Oui, mon époux est mort, mais par sa trahison:
Il conçut le forfait, j'ai donné le poison.

HAMLET.
Elle vous trompe, amis.

CLAUDIUS.
                    Soldats, on vous abuse.   240

---

[12] 1807(?): 'arme'.
[13] 1807(?): 'juste'.

GERTRUDE.
Devant vous, une épouse, une mère s'accuse.
Ô peuple! En croirez-vous ce monstre plus que moi?
Vous voyez mes remords, regardez son[14] effroi.
Je me meurs, ô mon fils!

HAMLET.
     Ô mère infortunée! 245
Soldats, de ce pervers, tranchez la destinée.
Que lui, que son complice…

CLAUDIUS.
     C'en est fait, mes amis,
Répandez, à mes yeux, le sang qui m'est promis.

HAMLET, *tuant Claudius qu'on entraîne avec Polonius.*
Meurs toi-même, barbare. Et vous, amis d'un traître,
Frappez, si vous l'osez, immolez votre maître.
 (*Les conjurés baissent les yeux.*)

NORCESTE.
Qu'Hamlet règne, soldats, et qu'il vive à jamais! 250
Son père est apaisé. Vous, coupables sujets,
Rentrez dans le devoir, réparez votre offense;
Le coupable immolé suffit à sa vengeance.

HAMLET.
Ma mère!

GERTRUDE.
  Ah! Du forfait dont on crut te flétrir,
J'ai donc pu te défendre avant que de mourir. 255
Si ta vertu, ta vie à mon amour fut chère,
Plains du moins, si tu peux, ta criminelle mère.
Que mes remords sur moi fassent, du haut des cieux,
Descendre et les regards et le pardon des dieux.
 (*À Hamlet.*)
J'expire: règne heureux.

HAMLET.
    Moi! J'aimerais la vie, 260
Quand pour jamais, hélas! ma mère m'est ravie!
Quand mon cœur déchiré…

---

[14] 1807(?): 'mon'.

SCÈNE VIII ET DERNIÈRE.

CONJURÉS, HAMLET, NORCESTE, GERTRUDE, VOLTIMAND, SOLDATS, PEUPLE.

VOLTIMAND.
      Polonius mourant
Rejoint par son trépas Claudius expirant.
À leurs communs forfaits cette fin[15] était due.
Comme ils cessaient de vivre, Ophélie éperdue,   265
Arrive vers son père, et court entre ses bras,
Avec de longs sanglots implorer le trépas:
Elle tombe sans voix, mourante, évanouie;
Mais tous nos soins bientôt vont la rendre à la vie.

HAMLET.
Ah! courez, mes amis, volez à son secours.   270
Empêchant son trépas, vous sauverez mes jours.
Privé de tous les miens dans ce palais funeste,
Mes malheurs sont comblés, mais la vertu me reste,
Mais je suis homme et roi, réservé pour souffrir;
Je saurai vivre encor, je fais plus que mourir.   275

---

[15] 1807(?): 'mort'.

APPENDIX E: C.-F. MS265 (III. 7)

SCÈNE VII.[1]
CLAUDIUS, POLONIUS.

POLONIUS.
Venez, seigneur, venez. J'ai, sans perdre de temps,
Par ordre de la reine averti tous les grands.
Armez-vous contre Hamlet, rendez ce jour funeste
À cette ombre de prince, au parti qui lui reste.
Vous verrez en ce jour vos destins décidés. 5
Mais vous êtes perdu si vous ne le perdez.

CLAUDIUS.
À son couronnement je n'ai pas dû m'attendre.
Par quelque obstacle[2] au moins tâchons de le suspendre.
La reine veut par là, c'est du moins son espoir,
Aux yeux de ses sujets couronner son pouvoir. 10
Je lis dans ses desseins; elle a du moins l'adresse
De cacher de son fils les ennuis, la faiblesse.
Vains efforts! Je l'ai peint comme un jeune insensé,
Dont le peuple, les grands, le palais s'est lassé.
Et qu'attendre en effet de ses obscurs caprices? 15
Aux conseils, aux combats, quels seraient ses services?
Sur le bord de la tombe, il languit, il s'éteint.
Le peuple attend sa mort, le dédaigne et le plaint.
Mais vos périls sont grands, je deviens nécessaire.
Tout s'arme autour de vous, tout annonce la guerre; 20
Le peuple la redoute et dans son juste effroi,
Il tourne et son espoir et son regard sur moi.
Mais, tout prêt à priver Hamlet du diadème,
Craignons dans ce complot de paraître moi-même.
Je dois avec prudence agir dans un projet 25
Par d'invisibles mains et des ressorts secrets.
Il faut de ce moment saisir les avantages.

POLONIUS.
Sous vous mon zèle implore, achète les suffrages.

---

[1] This extract replaces lines 935–40 (1770A).
[2] MS265: 'quelqu'obstacle'; I have corrected this.

CLAUDIUS.
De nos soldats surtout il faut bien m'assurer.

POLONIUS.
À vous servir déjà j'ai su les préparer. 30

CLAUDIUS.
Mais il est un secret, un utile artifice
Dont il vous faut dans l'ombre employer le service.
Tu sais quels bruits heureux j'ai fait courir tout bas
Pour tourner contre Hamlet le peuple et les soldats,
Pour prêter à ses cris, à sa fureur extrême, 35
Des couleurs qui perdraient jusqu'à la vertu même.
Ces bruits sourds et cachés, ces germes tout-puissants,
Me donneront leurs fruits, quand il en sera temps.

POLONIUS.
Peut-être qu'à ces bruits, qui se font toujours croire,
Plus qu'à tous vos soldats vous devez la victoire. 40

CLAUDIUS.
Mais es-tu sûr du peuple?

POLONIUS.
                    Oui, dans ces jours d'effroi,
Où ses vœux dans Hamlet voudraient trouver un Roi,
Où l'œil inquiet, troublé par les alarmes,
Ne voit que des dangers, des drapeaux et des armes,
Hamlet ne lui paraît qu'un prince sans vertu, 45
Peu fait pour les périls, de faiblesse abattu.
Caché dans ce palais, il traîne un nom sans gloire;
Et le vôtre est partout connu par la victoire.

CLAUDIUS.
Mais que pensent les grands?

POLONIUS.
                    Les uns semblent le voir
Tout prêt, dans un péril, à céder son pouvoir, 50
À s'imposer lui-même un ministre peut-être
Cent fois plus orgueilleux, plus dur que leur vrai maître.
Ils craignent sa faiblesse, et d'autres encor plus
Craignent son caractère et surtout ses vertus.
S'il allait, disent-ils, digne du rang suprême, 55
Juger tout par ses yeux et régner pour lui-même?
Hamlet les épouvante. Ils attendent de vous

Des plaisirs, des bienfaits, des jours cents fois plus doux.
Ils verront dans vos mains comme une proie immense
Ce pouvoir souverain qu'ils dévorent d'avance; 60
Et ce riche butin dont ils vont vous charger,
S'ils brûlent de l'offrir, c'est pour le partager.

CLAUDIUS.
Oui, vers le succès tout marche, tout s'avance.
J'ai prétendu régner et j'en ai l'assurance.
On ne peut m'arrêter, ni se passer de moi. 65
Au destin désormais je vais donner la loi.
Allons, du trône ici tout m'aplanit la route.
Il ne faut plus qu'un pas. Osons quoiqu'il en coûte.
Ce grand titre de roi couvre, ou doit couvrir
L'audace du complot qui l'a fait acquérir. 70

FIN DU TROISIÈME ACTE.

APPENDIX F: C.-F. MS265 (v. 1-9)

SCÈNE I.[1]
CLAUDIUS, POLONIUS.

POLONIUS.
Seigneur, qu'en dites-vous? Quoi! L'ordre en est donné!
C'est sous vos yeux qu'Hamlet doit être couronné!
Ce jour, ce jour fatal, prêt à tout entreprendre,
Votre parti, seigneur, n'a donc pu le surprendre?
Voilà dans cette cour nos ennemis armés 5
Et nos projets détruits aussitôt que formés.

CLAUDIUS.
Mais vois-tu dans ce temple où tant d'éclat s'apprête,
Que le bandeau des rois soit déjà sur sa tête?
Crois-moi, j'achèverai ce que j'ai résolu.
Dans mes desseins secrets Norceste n'a rien lu. 10
Tout d'un calme profond leur fait voir l'apparence.
De la reine aux autels je craignais la présence
Je la quitte à l'instant. Je n'ai pas eu besoin
De perdre à la tromper beaucoup d'art et de soin.
Ici par d'humbles vœux, des libations saintes, 15
Sa superstition va soulager ses craintes.
Elle gémit, s'enferme, et son accablement
Lui défend de paraître à ce couronnement.
Elle sert mes projets par cette heureuse absence.
Sur le sort de son fils elle est en assurance. 20
Comme elle sans soupçon, docile à mes souhaits,
Ma fille doit rester au fond de ce palais.
Son père, son amant, l'intérêt de sa flamme,
Tout ce spectacle enfin troublerait trop son âme.
Mais ces enfants du nord, mais ces braves soldats 25
Qui naissent pour combattre au sein de nos climats,
Puis-je compter sur eux, sur ces troupes guerrières?

POLONIUS.
Ils ont déjà du temple occupé les barrières.

---

[1] This replaces the entirety of Act v.

CLAUDIUS.
Près de moi, près du trône, il faut qu'ils soient postés.
Leurs traits seuls contiendront les cœurs épouvantés.   30
Qu'Hamlet se rende au temple, avant qu'il y paraisse.
J'aurai déjà du trône écarté sa faiblesse.
Mes ennemis verront, privés de tout espoir
Partout leur impuissance et partout mon pouvoir.

POLONIUS.
La terreur…

CLAUDIUS.
                    La terreur, voilà ce qui décide.   35

POLONIUS.
Vous pourrez tout d'un mot sur leur zèle intrépide.

CLAUDIUS.
Et les chefs?

POLONIUS.
            Sont gagnés.

CLAUDIUS.
                        S'ils allaient nous trahir?

POLONIUS.
Non, leur propre intérêt saura les retenir.

CLAUDIUS.
Tu veilles sur la tour?

POLONIUS.
                Une garde fidèle
Répond du gouverneur et je vous réponds d'elle.   40
Pour enfermer Hamlet vous en aurez besoin.

CLAUDIUS.
Je sais ce qu'il fait faire, et l'instant n'est pas loin.

POLONIUS.
Si quelque heureux parti l'attaque et le délivre?

CLAUDIUS.
Un roi dépossédé n'a pas longtemps à vivre.
De notre dureté sa perte nous répond,   45
Et jamais son tombeau n'est loin de sa prison.
Enfin je puis marcher?

POLONIUS.
                    Comptez sur mes promesses.
J'ai flatté, j'ai séduit, j'ai versé les richesses.
Ces bruits sourds, contre Hamlet adroitement jetés,
Ont fait germer la haine et vont être adoptés.   50
Il n'est point de forfaits, point d'action si noire
Que de lui dans ce jour on ne se plaise à croire.
J'ai sondé tous les cœurs, ils m'ont tous entendu,[2]
Rien ne défend Hamlet, pour vous tous s'intéresse.
Le peuple, le palais, le soldat, la noblesse,   55
Chacun s'armant pour vous croit travailler pour soi.
Vous avez l'or, le fer…

CLAUDIUS.
                    Mon ami, je suis roi.
Va, cours tout disposer: que nos amis au temple
Lorsque je parlerai donnent à tous l'exemple;
Entraîne tout ce peuple, et s'il paraît douter   60
C'est à nos bras alors à tout exécuter.

POLONIUS.
Je vous entends, j'y cours.

CLAUDIUS.
                    Quelqu'un s'avance.

SCÈNE II.
CLAUDIUS, OPHÉLIE.

CLAUDIUS, *étonné*.
C'est vous, ma fille!

OPHÉLIE.
                    Oui, prince.

CLAUDIUS.
                         En ce moment?

OPHÉLIE.
                                   Je pense
Que les instants sont chers.

CLAUDIUS.
                    Pourquoi? Parlez.

---

[2] One line is clearly missing here.

OPHÉLIE.
J'ai d'Hamlet pour vos jours redouté la fureur, 65
Hamlet vous soupçonnait. Soit raison, soit délire,
Voyant votre péril, j'ai dû vous en instruire.
Je l'ai fait maintenant…

CLAUDIUS.
                    Que me demandez-vous?

OPHÉLIE.
De lire ce billet.

CLAUDIUS.
                Donnez… J'ai lu. Sur nous,
Qui jette un tel soupçon?

OPHÉLIE.
                        C'est un sujet fidèle. 70

CLAUDIUS.
Pourquoi tait-il son nom?

OPHÉLIE.
                    Il laisse voir son zèle.

CLAUDIUS.
Que dois-je donc penser?

OPHÉLIE.
                    Non, votre main jamais
Ne pourra consommer ces horribles forfaits.

CLAUDIUS.
Vous me soupçonneriez! Vous, ma fille!

OPHÉLIE.
                                Ah! mon père!
C'est par ce nom sacré que j'ose, que j'espère 75
Apaiser votre haine, et vous désabuser.
Songez-vous aux malheurs que vous allez causer?
Vous ôtez à l'État un roi digne de l'être,
Un roi que tout son peuple aurait choisi pour maître,
Un roi que ses sujets, dans leur juste courroux, 80
Au prix de tout leur sang défendraient contre vous.
Et vous que la naissance attache à sa personne;
Qui brillez près de lui de l'éclat qu'il vous donne;
Qui ne possédez rien, grandeur, richesse, appui,
Que ces biens, ces honneurs ne viennent tous de lui, 85

Vous le détrônierez! Non, je ne puis le croire:
Non, mon père à ce point n'a pas souillé sa gloire:
Non, pour oser remplir cet horrible dessein,
Il faudrait qu'avant tout il m'eût percé le sein.
Eh, quel appas, Seigneur, a donc pu vous séduire? 90
Croyez-vous être heureux par l'éclat d'un empire?
Quel bonheur vous suivra sur un trône usurpé
Que du sang de vos rois vous-même aurez trempé?
Votre fureur à peine aura commis ce crime,
Que le remords en vous saisira sa victime; 95
Vos yeux ne pourront plus, encor pleins de terreur
Sur vos coupables mains se tourner sans horreur.
Combien plus juste alors et détestant la vie,
Au sort même d'Hamlet vous porterez envie!
La mer à votre fuite ouvre encor ses chemins. 100
Quittons ces lieux, Seigneur; allons, loin des humains;
Chercher au sein des flots quelques rochers sauvages;
Près de vous sans frémir j'entendrai les orages:
Oui, Seigneur, je l'espère (il y faut consentir);
J'arracherai de vous un heureux repentir. 105
Ne délibérez plus. Si votre main perfide
S'obstine à consommer cet affreux parricide,
Vos poignards sont-ils prêts? Rien ne peut m'effrayer,
C'est sur ce sein, c'est là qu'il les faut essayer.
Cessez d'être coupable, ou m'immolez sur l'heure. 110
Attachée à vos pieds, malgré vous, j'y demeure;
Je ne les quitte point que ce cœur combattu
N'ait détesté son crime et repris sa vertu.

CLAUDIUS.
Ma fille, ai-je assez loin montré la déférence,
Souffert assez longtemps un discours qui m'offense? 115
Voilà jusqu'où l'amour a pu vous abuser?
Quel témoin, quelle preuve a-t-on cru m'opposer?
Un vain billet sans nom, écrit par quelque traître,
Qui n'osa le signer, qui frémit de paraître.
Et ce traître billet lorsqu'il est contre moi 120
S'est trouvé dans l'instant digne de votre foi.
Ma fille, il est donc vrai, tu m'as jugé capable
D'un complot si perfide et si peu vraisemblable?
Pourquoi perdrais-je Hamlet? Pourquoi le détrôner
Quand son hymen s'approche et doit te couronner? 125
Voir bientôt sur ton trône briller le diadème,
N'est ce pas l'acquérir et le porter moi-même?

OPHÉLIE.

Mon père! Ah! mes soupçons vous ont trop outragé.
Ma honte et mes remords vous ont déjà vengé,
Souffrez qu'à vos genoux…

CLAUDIUS.

                Lève-toi. Je suis père.   130
Ton repentir, ma fille, a vaincu ma colère.
Eh! que m'a fait Hamlet? Contre moi sa fureur
Naquit de son délire, et ne fut qu'une erreur.
On m'accuse aujourd'hui: que de fois sans murmure,
J'ai de pareils billets méprisé l'imposture!   135
Crois-tu que dans le rang où le destin m'a mis,
Si près du sang des rois, je manque d'ennemis?
Ils se sont abusés. Ma fille généreuse
Ne secondera pas leur haine ténébreuse,
Tu le sens comme moi: dans un profond oubli   140
L'avis de ce billet doit être enseveli.
Tu troublerais sans fruit et ton prince et la reine,
Laissons de ces avis la recherche incertaine.
La calomnie, hélas! ma fille, tu le vois,
Poursuit surtout les grands assis auprès des rois.   145
Va, j'espère bientôt qu'avec Hamlet unie
Vous ferez tous les deux le bonheur de ma vie.
Ton ouvrage un moment a trop dû m'affliger;
Mais c'est en t'embrassant que je veux m'en venger.

SCÈNE III.
CLAUDIUS, OPHÉLIE, POLONIUS.

POLONIUS.

Seigneur, le peuple est prêt; c'est trop vous faire attendre.   150
On dit qu'Hamlet bientôt avec vous doit s'y rendre.
Venez, Prince, venez.

CLAUDIUS.

           Je suis tes pas.
(*À Ophélie.*)   Et vous,
Allez près de la reine. En des moments si doux
Prêt à voir dans Hamlet tout l'éclat dont il brille
Je crois déjà jouir du bonheur de ma fille.   155
Je suis sûr du secret. Je te quitte, et je croi[3]
Pouvoir sortir sans crainte et compter sur ta foi.

---

[3] *Sic*, for the visual rhyme.

SCÈNE IV.
OPHÉLIE, *seule*.

Non, mon père en effet n'a point terni sa gloire.
Ce billet m'abusait, je n'ai pas dû le croire.
Comme il m'a pardonnée! Et quel calme profond 160
S'est peint dans ses discours, s'est montré sur son front.
Tant de paix n'entre point dans un cœur qui conspire.
Que j'ai souffert, ô ciel! Mais enfin je respire.
Les jours, les jours d'Hamlet sont en sûreté.
Son cœur même déjà paraît moins agité. 165
Je l'observais tantôt à côté de sa mère,
Dans les épanchements d'une amitié sincère.
Comme il fixait sur elle en plaignant ses douleurs,
Des yeux pleins de respect, de tendresse, et de pleurs!
Et quand soudain la reine éperdue, en alarmes, 170
Répandait dans son sein des soupirs et des larmes,
Comme il a tout à coup par des embrassements
Étouffé ses sanglots et ses gémissements!
Peut-être que le ciel à nos malheurs sensible,
Ramènera la paix dans ce palais terrible. 175
  (*À part en voyant Gertrude.*)
Mais j'aperçois la reine. Elle semble, en son sein,
Cacher la profondeur d'un important dessein.
Que puis-je soupçonner?

SCÈNE V.
OPHÉLIE, GERTRUDE.

GERTRUDE, *à part, en voyant Ophélie.*
                    Son front est sans nuage,
Quelle paix la vertu répand sur son visage!
Ah! dans mon cœur bientôt cette paix peut rentrer! 180
J'en crois déjà jouir en osant l'espérer.
Ma fille, c'est donc vous! Vous m'êtes toujours chère!

OPHÉLIE.
Je me rends près de vous comme près d'une mère.
Permettez-moi ce nom.

GERTRUDE.
                    En est-il un plus doux!
Nos dieux semblent, ma fille, apaiser leur courroux. 185
Hamlet se montre enfin. Sa sombre violence
N'évoque plus les morts, l'enfer, et la vengeance.

De ses transports, soudain, l'orage s'est calmé.
Son œil est adouci, son front est désarmé.
Ses traits que trop longtemps fatigua la colère, 190
Ont repris sans effort leur premier caractère.
Il marche en ce moment vers le temple sacré.
Sur ses jours, sur son sort, mon cœur est rassuré.
Au bonheur de son roi tout le peuple est sensible;
Ses traits purs, où l'excès [?], la trace de ses pleurs 195
Atteste encor son deuil en ses longues douleurs,
Avec le dernier roi, sa noble ressemblance
Charme, dit-on, le peuple et lui rend sa présence.
Moins craintifs, désormais, d'un sinistre avenir,
Tous les cœurs près de lui semblent se réunir: 200
Ils pensent voir sa joie et s'enfuir le nuage
D'un vain reste d'ennuis errant sur son visage.
C'est un astre à leurs yeux qui se lève et qui luit,
Pâle encor, mais vainqueur des ombres de la nuit.
Claudius m'a tracé, dans un discours sincère 205
Ce tableau si touchant pour le cœur d'une mère
Il sait les droits d'Hamlet, il les fait respecter.
Eh, quelle ambition aurait pu le tenter
Puisqu'il doit voir par vous, par votre hymen, ma fille,
Le sceptre des Danois entrer dans sa famille? 210

OPHÉLIE.
Je pense comme vous.

GERTRUDE.
                Voici l'instant heureux,
Princesse, où plus tranquille, et cédant à mes vœux,
Mon fils va sur son trône ceindre le diadème.
Il est un bien plus cher; et ce bien, c'est vous-même,
Ma fille; car Hamlet doit être votre époux, 215
Vivez heureux ensemble, et goûtez entre vous,
Non pas ces vains plaisirs que promet la couronne,
Mais ceux que la vertu, qu'un saint hymen nous donne.
Ce sont là mes souhaits. Je ne suis point vos pas.
Mon fils, dont si longtemps j'ai cru voir le trépas, 220
M'offrirait dans le temple un spectacle trop tendre.
De tant d'émotion j'ai voulu me défendre.
À mes soupirs cachés ce palais convient mieux.
Les temples sont partout où l'on s'adresse aux dieux.
Notre cœur est pour eux l'offrande la plus belle. 225
Ma fille, en ce moment le temple vous appelle.

Ah! priez que le ciel, si de grands attentats
Ont attiré sa haine à nos tristes climats,
D'étendre encor sur nous ses soins et sa clémence.
Il voit avec plaisir votre aimable innocence. 230
Je vais à mon époux, à ce ciel tout-puissant
D'une libation offrir l'humble présent.
Puisse-t-il sans colère accepter mon offrande!
Je sais dans ce grand jour ce que je lui demande.
    (*Elvire, femme de Gertrude, apporte une coupe pleine.*)
On apporte la coupe. Instants, devoir trop doux, 235
    (*À Elvire.*)
Pose-la près de l'urne. Il suffit. Laisse-nous.
    (*Elvire sort.*)

SCÈNE VI.
OPHÉLIE, GERTRUDE.

OPHÉLIE.
Moi, j'ai déjà formé le vœu le plus sincère
Pour votre tendre fils, pour son auguste mère
Au vœu d'Hamlet pour vous je vais me réunir.
C'est un devoir sacré; je sors pour le remplir. 240

SCÈNE VII.
GERTRUDE, *seule*.

Tu ne soupçonnes pas, innocente Ophélie,
De quelle offrande, hélas! cette coupe est remplie!
Cette libation que j'ai dû préparer,
Bientôt avec la mort dans mon sein doit entrer.
Il est temps pour ma mort, que le poison expie 245
Le poison qu'un époux prit de ma main impie.
On couronne mon fils; j'ai remis dans ses mains
Le sceptre de son père et ses droits souverains.
Quand j'ai fait pour ton fils ce que je devais faire
C'est à toi, mon époux, que je viens satisfaire. 250
Ah! si souvent ton ombre, effrayant des esprits,
Dans ce palais coupable apparût à ton fils,
De tes traits expirants combien de fois l'image,
La nuit, m'épouvanta de mon affreux veuvage.
Oh, pour le cœur humain que le crime est pressant! 255
On l'éloigne sans cesse, il est toujours présent.
Coupe, instrument fatal qui servit à mon crime,
Sers-moi dans ce moment à calmer ma victime.

Ô toi que j'ai fait naître et que mon œil confus,
Que cet œil maternel, hélas! ne verra plus! 260
Je n'ose, quand je meurs, dans ma vive tendresse,
Recommander aux dieux tes jours et ta jeunesse.
Je n'ai point oublié quand servant ton dessein
De ton père indigné l'urne pressait mon sein
Quand mon cœur expirait, vaincu par les alarmes, 265
Que le tien tout à coup me couvrit de ses larmes.
Les dieux poussaient sur moi ton poignard irrité.
La nature et le sang sur eux l'ont emporté.
Ils t'ont donné, mon fils, les vertus de ton père,
Tu méritais, hélas! d'avoir une autre mère. 270
Je prévois tes destins: je sais que les Danois
Te compteront un jour parmi leurs plus grands rois.
Oui, tant que l'océan baignera nos rivages,
Ton filial amour recevra leurs hommages.
Quels pères, à ton nom, tout à coup attendris, 275
Ne s'écriront: « oh, ciel! Donnez-nous un tel fils! ».
Je ne verrai donc par son heureux hyménée,
Ni sa timide amante à l'autel amenée;
Je n'aurai point de fleurs paré ce front si doux,
Ni parée la première auprès de son époux. 280
    (*Elle se lève.*)
Misérable! Est-ce à toi d'embrasser cette image!
Vois plutôt quels malheurs sont ici ton ouvrage:
De combien de périls, de spectres, de forfaits
Ton conjugal amour a peuplé ce palais,
Vois les lieux où son fils courant après la mère 285
À tes pleurs [illegible: simulés?] redemanda son père.
Cet air qu'il respirait, oses-tu le flétrir,
Et vivre encor, perfide, où tu l'as fait mourir?
Me voici sous tes coups, oh, justice éternelle!
Je t'offre, avec mes pleurs, ma coupe criminelle: 290
Sur elle, ô mes remords, faites du haut des cieux
Descendre et les regards et les pardons des dieux.
    (*Elle boit.*)
Ah! je ne frémis plus; mais, ô moment terrible!
La mort est dans mon sein… ma mort est infaillible.
Aurais-je cessé d'être? Eh! pourquoi me troubler? 295
C'était en la donnant qu'il m'eût fallu trembler.
Voici mes derniers vœux: oh, ciel! Qu'Hamlet respire.
Conserve-lui le jour, sa vertu, son empire.
Mon fils, je meurs contente; avant que d'expirer,

Pour toi du moins encor j'aurai pu l'implorer. 300

SCÈNE VIII.
GERTRUDE, ELVIRE.

ELVIRE.
Ah! madame!

GERTRUDE.
            Eh bien, parle.

ELVIRE.
                      À peine je respire.
Il s'agit de vos jours, d'Hamlet, de tout l'empire.
Claudius… votre fils, le peuple, les soldats…
Le meurtre les enivre, ensanglante leurs pas.
Il n'est plus de pitié, plus de terme à la rage: 305
Ils sont sortis du temple entouré de carnage.
Dans le sang, sur les morts, et le fer à la main,
Tous deux vers ce palais s'entrouvrent un chemin.

GERTRUDE.
Ah, mon fils!

ELVIRE.
            Le combat, la discorde, la guerre,
Divise, irrite, aveugle, émeut la ville entière. 310
Sur mes pas en tremblant j'entends jusques aux cieux
S'élever contre Hamlet ces cris audacieux:
« Les terreurs, les transports dont son âme est saisie
« Sont les effets vengeurs d'un crime qu'il expie.
« Par ses perfides mains son père empoisonné 315
« Vient d'offrir chaque nuit à son œil consterné. »

GERTRUDE.
Eh quoi, de Claudius la noirceur impunie
Ose contre mon fils armer la calomnie!
Dieux vengeurs, du forfait, dont on veut le flétrir,
Laissez-moi le défendre avant que de mourir! 320

ELVIRE.
Ah! c'est votre péril qui seul le désespère.
Il crie en combattant, « courez, sauvez ma mère. »
J'entends le choc, les cris; les partis furieux
Vont décider leur cause et combattre à nos yeux.

SCÈNE IX.
GERTRUDE, ELVIRE, HAMLET, NORCESTE, VOLTIMAND, CLAUDIUS, POLONIUS, SUITE D'HAMLET, PARTI DE CLAUDIUS.
(*Les deux partis entrent ensemble sur la scène, et dans toute la fureur du combat.*)

HAMLET, *montrant Claudius.*
Peuple, n'écoutez pas ce détestable guide. 325
C'est un monstre imposteur.

CLAUDIUS, *montrant Hamlet.*
      C'est un fils parricide.

HAMLET.
Il a tué son roi, lui seul a tout conduit.

CLAUDIUS.
Il a tué son père et son ombre le suit.

GERTRUDE.
Arrêtez, arrêtez! Mon fils n'est point coupable.
  (*En montrant Claudius.*)
Ce perfide est l'auteur de ce crime exécrable. 330
Mon époux a péri, mais par la trahison.
Il conçut le forfait, j'ai donné le poison.

HAMLET.
Ah! ne l'en croyez pas, ma mère vous abuse.

CLAUDIUS.
C'est pour sauver son fils qu'elle-même s'accuse.

GERTRUDE.
Quoi, n'avez-vous pas vu mon trouble et ma terreur? 335
Ils vous prouvent mon crime, ils en montrent l'auteur.
Peuple, guerriers, amis, défendez votre maître.
Courez, frappez ce monstre, exterminez un traître.
Vous voyez mon remords, regardez son effroi.
Je n'ai plus qu'un moment, Ô peuple, écoutez-moi. 340
Mais je me meurs.

HAMLET.
    Ma mère! ah! Votre corps chancelle.

GERTRUDE.
Voyez-vous, voyez-vous cette coupe cruelle?
De mon lâche homicide elle fut l'instrument;
Mais je viens d'y puiser mon juste châtiment;

D'un poison destructeur ma main l'avait remplie; 345
Il brise en ce moment les ressorts de ma vie.
Je sens avec plaisir approcher mon trépas.
Mon sang du moins, mon fils, n'a point souillé ton bras.
C'est moi qui, sur moi-même, aurai vengé mon crime.
J'ai trouvé le repos, j'échappe à ma victime. 350
J'ai trahi mon devoir; j'emporte chez les morts
Non l'honneur des vertus, mais l'horreur des remords.

HAMLET.
Vivez!

GERTRUDE.
    Non, mon cher fils.

HAMLET.
               Vivez.

GERTRUDE.
                      Le jour me blesse.

HAMLET.
Je vous dois mon respect.

GERTRUDE.
                Ton horreur.

HAMLET.
                        Ma tendresse.

GERTRUDE.
J'expire. Règne heureux. Et vous, braves amis, 355
Défendez votre roi. Dieux!… protégez mon fils.

NORCESTE.
Oui, nous le défendrons contre un barbare, un traître.
Ce vil empoisonneur serait-il notre maître?
    (*Le parti de Claudius l'abandonne. Il reste seul avec Polonius.*)
Qu'Hamlet règne sur nous, qu'il y vive à jamais!
    (*À Claudius.*)
Toi, monstre, va subir le prix de tes forfaits. 360

HAMLET, *aux soldats qui l'entraînent hors de la scène ainsi que Polonius.*
Qu'on l'entraîne à l'instant, j'aurai vengé mon père.
Et par sa mort aussi j'aurai vengé ma mère.
Qu'on publie à l'instant qu'à nos dieux satisfaits
Claudius paie enfin le prix de ses forfaits.
Qu'il meure dans ce moment, que mon règne commence, 365

Et que le ciel vengeur me rend mon innocence.
Leur sang a-t-il coulé?

SCÈNE X.
GERTRUDE, ELVIRE, HAMLET, NORCESTE, VOLTIMAND, PEUPLE, SOLDATS.

VOLTIMAND.
     Claudius expirant
Rejoint par son trépas Polonius mourant.
À leurs communs forfaits cette fin était due.
Comme ils cessaient de vivre, Ophélie éperdue 370
Arrive, voit son père, et court entre ses bras
Avec de longs sanglots implorer le trépas.
Elle tombe sans voix, mourante, évanouie,
Mais tous nos soins bientôt vont la rendre à la vie.

HAMLET.
Ah! courez, mes amis, volez à son secours. 375
Empêchant son trépas, vous sauverez mes jours.
Malheureux! À l'amour puis-je être encor sensible,
Quand je vois là ma mère, et cette coupe horrible!
Mais mon trouble est calmé, je ne sens plus d'effroi.
Quel soudain changement s'est opéré dans moi? 380
L'instant qui d'un grand crime a vengé la nature
Rendrait-il l'air plus doux et la clarté plus pure?
Mais mon père est-ce toi? Ces mânes courroucés
Par le sang d'un perfide enfin sont apaisés.
Ah! tu vas me quitter! La mort, le temps te presse. 385
Vois encore un moment les pleurs de ma tendresse.
Ces pleurs sitôt séchés et proscrits dans les cours.
C'est là que tu vivais, que tu vivras toujours.
Pardonne, si, d'un fils gardant le caractère
Je laisse aussi couler quelques pleurs pour ma mère. 390
Mais de quel œil serein, en retenant mes pas,
Tranquille, il a repris le chemin du trépas.
Vivant il fut obéi par un peuple fidèle;
Mort, il rentre sans peur dans la nuit éternelle.
Je ne sais à son port, à son front radieux, 395
S'il retourne à la tombe, ou s'il remonte aux cieux.
Privé de tous les miens dans ce palais funeste,
Mes malheurs sont comblés; mais ma vertu me reste,
Mais je suis homme et roi. Réservé pour souffrir,
Je saurai vivre encor; je fais plus que mourir. 400

APPENDIX G: THE 1813 DEDICATION

À LA MÉMOIRE DE MON PÈRE.[1]

Un des plus doux souvenirs de ma vie, ô mon respectable père! c'est de t'avoir vu applaudir ma tragédie d'Hamlet à sa première représentation. Mais, hélas! je n'avais plus longtemps à te posséder encore; et le succès d'Hamlet, qui t'avait fait verser des larmes de joie, devait donc être le seul dont il te serait permis d'être le témoin!

Dans le premier mouvement de mon cœur, je t'adressai mon ouvrage, où mon but avait été de peindre la tendresse d'un fils pour son père. Mais tu me fis sentir que, pour les intérêts d'une jeune femme et d'une famille naissante, je devais plutôt songer à m'acquérir, par ce genre d'hommage, quelque appui utile dont je pusse aussi m'honorer. Je crus devoir te cacher combien me coûtait mon obéissance.

Mais, aujourd'hui que le temps a renversé tous ces soutiens, et m'a fait arriver, presque seul, aux bornes de ma carrière, chargé de tant de pertes de la nature et de l'amitié; aujourd'hui remontant de ma vieillesse à mon enfance, j'assiste plus que jamais, par mes souvenirs, au spectacle paisible de tes vertus domestiques, permets, ô mon tendre, ô mon vénérable père! que, le cœur plein de tes exemples et de tes bienfaits, plein des preuves jadis vivantes de ta tendresse, croyant encore entendre tes conseils et l'accent de ton âme si profondément religieuse, mélancolique, et paternelle, permets, dis-je, lorsque le public reconnaît toujours, par ses suffrages, la piété filiale dans mon Hamlet, que, reprenant ma première intention avec des larmes, en cheveux blancs, et avant de mourir, je t'en offre au moins le tardif hommage sur ta cendre.

Ton fils,
Jean-François Ducis
À Versailles, ce 15 décembre 1812.

---

[1] Included in all editions during Ducis's lifetime from 1813 onwards, his father having died of cancer in 1770. This dedication clearly meant a lot to Ducis, who tells Lemercier in 1807 that he does not mind whether his play is ever performed again so long as it is republished with this dedication (see Œuvres posthumes de J. F. Ducis, 2 vols (Paris: de Bure, 1826), II, 238). For more on Ducis's relationship to his father, see Golder, p. 14.

BIBLIOGRAPHY

Primary Texts

Burton, Robert, *The Anatomy of Melancholy*, ed. by Angus Gowland (Penguin, 2023)
Corneille, Pierre, *Œuvres complètes*, ed. by Georges Couton, 3 vols (Pléiade, 1980–87)
Ducis, Jean-François, *Hamlet*, Paris, Archives de la Comédie-Française, MS265
—— *Hamlet*, Paris, Archives de la Comédie-Française, MS267
—— *Hamlet, tragédie, imitée de l'anglais* (Paris: Gogué, 1770)
—— *Hamlet, tragédie, imitée de l'anglais*, 2nd edn (Paris: Gueffier, 1783)
—— *Hamlet, tragédie, conforme à la représentation* (Paris: Gueffier, [n.d. (1807?)])
—— *Hamlet, tragédie, imitée de l'anglais. Nouvelle édition, avec des changements considérables, un cinquième acte nouveau, et conforme au manuscrit de la Comédie Française* (Paris: les Librairies Associées, 1809)
—— *Hamlet, tragédie en cinq actes, imitée de l'anglais, nouvelle édition, augmentée de variantes* (Paris: Nepveu, 1813)
—— *Hamlet, tragédie, imitée de l'anglais. Nouvelle édition, augmentée des variantes* (Paris: Nepveu, 1815)
—— *Hamlet: A Tragedy Adapted from Shakespeare (1770) by Jean François Ducis. A Critical Edition*, ed. by Mary B. Vanderhoof, *Proceedings of the American Philosophical Society*, 97.1 (1953), pp. 88–142
—— *Lettres de Jean-François Ducis, nouvelle édition*, ed. by Paul Albert (Paris: Jousset, 1879)
—— *Le Roi Léar, tragédie en cinq actes et en vers* (Paris: Gueffier, 1783)
—— *Œuvres posthumes de J. F. Ducis précédées d'une notice sur sa vie et ses écrits*, ed. by François-Vincent Campenon (Paris: Nepveu, 1826)
—— *Othello*, ed. by Christopher Smith (University of Exeter, 1991)
Hamlet, pantomime tragique en trois actes, mêlée de danses (Paris: Barba, 1816)
Haydon, Benjamin Robert, *The Life of Benjamin Robert Haydon, from his Autobiography and Journals*, ed. by Tom Taylor, 3 vols (Longman, Brown, Green, and Longmans, 1853)
La Place, Pierre-Antoine de, *Le Théâtre anglois*, 8 vols (London [Paris?]: [n. pub.], 1745–48)
Letourneur, Pierre, *Shakespeare, traduit de l'anglois*, 20 vols (Paris: the author, Merigot, Valade, 1776–83)
Lettre d'un jeune homme à l'auteur de la tragédie d'Hamlet (Paris: [n. pub.], 1769)
Racine, Jean, *Œuvres complètes*, I: *Théâtre-Poésie*, ed. by Georges Forestier (Gallimard, 1999)
Riccoboni, Louis, *Réflexions historiques et critiques sur les différents théâtres de l'Europe* (Amsterdam: Compagnie, 1740)
Shakespeare, William, *Hamlet*, ed. by Ann Thompson and Neil Taylor (Arden Shakespeare, 2006)
Voltaire, *Œuvres complètes*, ed. by Nicholas Cronk and others, 205 vols, (Voltaire Foundation, 2068–22)

Secondary Texts

Bailey, Helen Phelps, *Hamlet in France from Voltaire to Laforgue* (Droz, 1964)
Benchetritt, Paul, 'Hamlet at the Comédie-Française', *Shakespeare Survey*, 9 (1956), pp. 59–68
Biard, Jacqueline, 'L'Image de Jean-François Ducis dans la presse avant la Révolution', *Cahiers Roucher-André Chénier*, 4 (1984), pp. 53–77
Biet, Christian, 'Le *Théâtre Anglois* d'Antoine de La Place (1746–1749), ou la difficile émergence du théâtre de Shakespeare en France', *Actes des congrès de la Société française Shakespeare*, 18 (2000), pp. 27–46
Conroy, Peter V., Jr, 'A French Classical Translation of Shakespeare: Ducis' *Hamlet*', *Comparative Literature Studies*, 18.1 (1981), pp. 2–14
Downs, Brian W., 'Ducis's Two *Hamlets*', *MLR*, 31 (1936), pp. 206–08
Forestier, Georges, *Essai de génétique théâtrale. Corneille à l'œuvre* (Droz, 2004)
Frantz, Pierre, 'Voltaire et ses fantômes', in *Dramaturgies de l'ombre*, ed. by Françoise Lavocat and François Lecercle (Presses Universitaires de Rennes, 2005), pp. 263–75
Golder, John, *Shakespeare for the Age of Reason: The Earliest Stage Adaptations of Jean-François Ducis 1769–1792*, Studies on Voltaire and the Eighteenth Century, 295 (Voltaire Foundation, 1992)
Heylen, Romy, *Translation, Poetics, and the Stage: Six French 'Hamlets'* (Routledge, 1993)
Monaco, Marion, *Shakespeare on the French Stage in the Eighteenth Century* (Didier, 1974)
Murphy, Mary Magdalen, *Ducis: essai sur l'influence de Shakespeare en France jusqu'à l'époque romantique* (unpublished MA dissertation, McGill University, 1942)
Pope, Willard B., 'Ducis's *Hamlet*', *Shakespeare Quarterly*, 5.2 (1954), pp. 209–11
Preston Dargan, E., 'Shakespeare and Ducis', *Modern Philology*, 10.2 (1912), pp. 137–78
Stackelberg, Jürgen von, '*Hamlet* als bürgerliches Trauerspiel: Ideologiekritische Anmerkungen zur ersten französischen Shakespeare-Bearbeitung von Jean-François Ducis', *Romanistische Zeitschrift für Literaturgeschichte* (1979), pp. 122–35
Vest, James M., *The French Face of Ophelia from Belleforest to Baudelaire* (University Press of America, 1989)
Wells, Bryon W., 'Translating in Eighteenth-Century France: The Case of Shakespeare's Theatre', *Michigan Germanic Studies*, 15.2 (1989), pp. 160–70
Willems, Michèle, 'The Mouse and the Urn: Re-Visions of Shakespeare from Voltaire to Ducis', *Shakespeare Survey*, 60 (2007), pp. 214–22

MODERN HUMANITIES RESEARCH ASSOCIATION
CRITICAL TEXTS

A SELECTION OF RECENTLY PUBLISHED TITLES

Louis-Sébastien Mercier, 'Le Vieillard et ses trois filles' and 'Timon d'Athènes':
Two Shakespeare Adaptations
Edited by Joseph Harris

Alexis Piron, 'Fernand-Cortés'
Edited by Derek Connon

Alexis Piron, 'Gustave-Wasa'
Edited by Derek Connon

'La Découverte de l'île Frivole' by Gabriel-François Coyer
A bilingual edition by Jean-Alexandre Perras

The Pen and the Needle:
Rousseau & the Enlightenment Debate on Women's Education
Edited by Joanna M. Barker

Francisco Nieva, 'Coronada y el toro'
Edited by Komla Aggor

Life and Death on the Plantations:
Selected Jesuit Letters from the Caribbean
Edited and translated by Michael Harrigan

texts.mhra.org.uk

To sign up to the series mailing list, email criticaltexts@mhra.org.uk